JN005103

ずっと、世界の中心は自分だよ

しんどい人間関係をやわらかくする24のヒント

考えるOL 著

大和書房

はじめに

ずっと、世界の中心は自分だよ

会社員として働きだした頃、帰りの電車の中では、いつも脳内で一人反省会が盛大に開催されていた。

「また上司の顔色をうかがって自分の意見を伝えられなかった」
「先輩、今日は機嫌悪かったけど、私のせいだろうか」
「お客さん、あんなこと言っていたけど私のこと嫌いなのかな」
「同期はとても頑張っているのに自分は全然ダメだ」

このように、人間関係から生まれる悩みは尽きない。そのたびに上手にふるまうことができず、些細なことで傷ついてしまう自分のことが、もどかしくて、くやしくて、やるせなくて、ただ落ち込むことしかできない毎日だった。

「考えるＯＬ」という名前の通り、自分の言動が与える影響や他人の気持ちを考えすぎてしまって、頭の中がネガティブな思考で支配されてしまうことが多かった。そうして、人と関わることを避けて生きようと思ってしまうこともあった。

それでも、今は少しだけ人と関わることを前向きに捉えている。

それは、人間関係で悩んだときに、主語が「誰か」ではなく、ちゃんと「私」で考えられるようになったからだ。

他人との関わり合いの中で不安を抱いたとき、誰がどう感じているか、誰がどうしたいのか、というように、そのほとんどが自分ではない誰かを中心に思考が巡り、私という存在が端に追いやられていた。

けれど、もっと「私」がどうしたいか、「私」がどうありたいかを考えられるようになり、自分を大切にできるようになってから、人間関係に対する悩みは少しずつ解消されていった。

ずっと、まわりにいる誰かの存在があって、はじめて自分の存在を確かめることができたのだと思う。いつも自分以外の誰かが世界の中心にいた。

誰かの顔色をうかがいながら何かを選択したり、誰にも嫌われないようにと言葉に詰まったり、誰かと比べて自分の人生を悲観してしまっていた。

そして、「あの人は私のこと嫌いなのかな？」「みんなと比べて私は全然ダメだ」と思った瞬間に、パチンと自分が消えてなくなってしまうようだった。

今思えば、人間関係の悩みは、相手を尊重しすぎたり、自分を蔑ろにしすぎたり、そのバランスがうまく保てていないことが原因であることが多い。もし、自分の優先順位を1番にして考えることができたなら、自分以外の誰かと生きることがもっと容易くなったはずだ。

人間関係のしがらみの中で、どうやって、ネガティブな気持ちをコントロールしていくか、無理をせずに他人と付き合っていくか、自分の気持ちを伝える勇気を持つか、他人と切り離して自分を捉えていくか。

少しずつ、世界の中心を自分に置き換えるためのヒントをつづりました。

もっとわがままになってもいい、他人と違っていてもいい、自分を好きになってもいい。

ありふれたＯＬの小さな物語だからこそ、あなたに伝えられることがある。

世界の中心が「あなた」になりますように。

contents

第2章 もっと自分を好きになる考え方

第3章
心地の良い人間関係の作り方

第1章

やわらかな心の育み方

めくるめく日々を、様々な人たちと過ごしていく中で、傷ついたり落ち込んだりすることは尽きない。

どんなに願っても、厳しい上司や意地悪な同僚が急に優しくなったりはしないし、全人類が自分のことを好きになってくれることもない。

しかし、他人の言動をコントロールできなくても、自分の考え方や気持ちをコントロールできれば、世界は少しだけ穏やかになり、生きやすくなることに気がついた。

気持ちをコントロールするためには、石のような強いメンタルが必要なわけではない。強度よりも柔軟性が大切なのだと思う。

これまでは、石のような強い心でいようとしてしまったから、嫌なことがあるたびに我慢し続けて、どんどん心は小さく削れていった。そして、そんなことで落ち込んでしまう自分が弱いのだと、自己否定を繰り返してしまった。

けれど、どんな自分も素直に受け止めて、傷ついたらきちんとへこんで、ネガティブをバネに努力して、もとに戻れるボールのようなやわらかな心でいるほうが、ずっと逞しい自分でいられるのだ。

人間関係を軽やかに乗り越えられるよう、やわらかな心を育むために、ネガティブな気持ちの受け入れ方、そして、ポジティブな気持ちの作り方など、ヒントをつづりました。

1. 人を嫌いになるエネルギーは、自分を好きになるために使う

就職したばかりの頃、嫌いな人のことで頭がいっぱいになってしまう夜がたくさんあった。

なぜ、あんなことを言うのだろう。なぜ、あんなことをするのだろう。

仕事で関わる中で相手から少し悪意を感じる言動があったとき、私が何か悪いことをしたのかな？　いや、私のことを舐めているのでは？　はたまた、私のことが気に食わないだけなのでは？　と、自分に何か原因があるのではないかと考えてしまっていた。

そして、考えれば考えるほど自尊心が削られていき、相手への嫌悪感も増幅させてしまっていた。

誰かを好きでいるより、誰かを嫌いになることのほうがとてもエネルギーを使う。負の感情がずっと体内に蓄積されていき、次第にあの人を好きになれない私の性格が悪いのかも？　と思いはじめ、嫌いな人を好きになろうとする努力をしてしまう。

そして、なんとか良いところを探そうとしてしまう。頭をひねりにひねって考える。それでもやっぱり好きにはなれず、ただ嫌いな人のことで頭がいっぱいになるだけだった。

最終的には、嫌われるようなことをする自分が悪い、そんな些細なことを許せない自分が悪いと結論づけて、自分を責め立てる。もはや、誰かを好きでいるよりもずっと疲れることだ。

けれど、あるときをきっかけに、このとてつもないエネルギーを、自分を好きになるために使ってみたらどうだろう？　と考えるようになった。

それは年次が少しずつ上がり、後輩が増えてきた頃だった。それまでは、上司や先輩など自分より上の立場の人に対しての嫌悪感だったが、自分より弱い立場の後輩に抱く嫌悪感は、同時に罪悪感も重くのしかかってきた。

もちろん、理由もなく「あいつムカつく」と思うことはない。

なぜか私にだけタメ口で話したり、ミスを押し付けられたり、あることないこと言いふらされるとさすがに嫌悪感が募っていくのだけれど、自分より弱い立場の後輩を嫌うというのはなんだかとても性格の悪い先輩のような気がしてしまい、嫌いになってはいけない、良いところを探せ、好きになれ、という本当の気持ちと逆行した思考が働き、かなり心が消耗した。

ついにエネルギーを使い果たしたときに、嫌いな人のことを考える時間を、自分を好きになれる時間に費やしたほうがいいのでは？　とひらめいた。

ちょっと体に良さそうな食事を作ってみる、10分だけ筋トレしてみる、爪をピカピカに磨いてみる、調子が良ければマニキュアを塗ってみる、美容院でいつもよりお高いトリートメントをしてみる、ロフトに行って新作コスメを買ってみる、ルミネに行ってときめくワンピースを探してみる。

こんな風に、「あの人嫌いだな」と思うたびに、より自分を好きになれることに時間を使うマイルールを作った。

そうすると、自分を磨き上げる時間に夢中になって、気づいたら嫌いな人のことを考える暇がなくなっていった。このルールが習慣化していくと、「あの人なんか嫌いだな。そんなことより、今度のお休みはマツパ予約しよっと。るんるん」という具合に、嫌いな人を無理に好きになろうと悩むこともなくなり、負の感情を体内に蓄積することなく、軽やかに過ごせるようになった。

当たり前すぎることだけれど、世の中にはいろんな人がいる。だからこそ、人の良い面だけでなく、悪い面も受け入れようと努力していた。

けれど、その「いろんな人」の中に、自分自身も含まれていることを忘れがちだ。誰かの悪いところを受け入れる代わりに、誰かを嫌いになる自分も受け入れてしまってもいいのだ。

誰かを嫌いになることは悪いことではない。そして、嫌いな人のことを考えるあまり、自分を蔑ろにしてしまうなんてもったいないのだ。

限られた大切な時間は、自分のために忙しく過ごせばいいんだよ。

大切な時間は、
嫌いな人のためではなく、
自分のために使うんだよ。

2.

優しさをばら撒くのはやめる

社会人になってから月日を重ねるごとに、徐々に性格が悪くなっている気がする。入社したての頃はできるだけ親切でいよう、とふるまっていたが、年次が上がるにつれて、他人に対するネガティブな感情が増えていった。

私はあんなにやってあげたのになぁ、ということが積み重なっていき、どうしても振りまいた親切の数だけ、他人の行動に厳しい視線を向けてしまうようになった。

例えば、マニュアルに書いてあることを聞かれたらきちんと口頭で説明したあと、念のためメールでもページ数やマニュアルの保管場所について教えてあげるというような気遣いを見せていた。

最初は感謝されたり、頼ってもらえることがシンプルにうれしかった。けれど、自分がやっていたことを他人がやってくれなかったときに、否定的な視線を向けてしまう自分がいた。私はあんなに丁寧にしたのに、あなたはやってくれないんだね、という気持ちになってしまったのだ。

なるべく誰にでも親切でいたいな、と思う気持ちがある一方で、親切にした分だけ他人にネガティブな感情を抱いてしまう。この負のループとジレンマで苦しい時期があった。私にとっては相手への善意だけで、ずっと優しく、丁寧に人と接することはとても難しく、気力のいることだった。

思えば、物心ついた頃から誰にでも優しくしましょうと教えられてきた。

アンパンマンはお腹が空いている人がいれば、躊躇なく自分の顔を差し出すし、セーラームーンだって、プリキュアだって、誰かを守るために自分の命を敵の前に差し出す勇敢さを持っている。

ささやかながら誰かの役に立ちたいという善意もあるけれど、自分を犠牲にしても他人を助けることが「ヒーロー」であり「正義」で、誰もがそうあるべきだと無意識に押しつけられていたのかもしれない。

いつでも誰にでも親切でいたい自分と、他人に厳しい視線を向ける自分が矛盾していった。そうして、ついに誰にでも親切にできる優しい自分はいなくなり、ただ他人に厳しい自分だけが残ってしまった。

そんなとき、他人に優しくできなかった私にも、変わらず親切に接してくれる同僚がいた。なぜ、そんなに親切にしてくれるのだろうかと、思い切って聞いてみた。

「いつも丁寧に対応してくれて助かっています。でも、いつもみんなに親切にするのは疲れませんか？」その答えは意外なものだった。

「みんなになんか親切にしないよ。優しさには上限があるからね。全部、最後は自分のためだよ。仕事なんて、未来の自分がどうやってラクするか。だから、いつか返ってきそうな恩は着せるし、返ってこないことが明確な恩は売らなくてもいいんだよ。あなたには期待しているから、いつか私を助けてくれたらいいな〜と思って優しくしているだけだよ」

なるべく親切な自分でいたいという想いと、他人にネガティブな感情が膨らんでしまう葛藤の中で、純粋な親切心だけでなく、最終的には自分のために誰かに優しくしても良いという考え方に出会い、驚いた。振りまいた親切の数だけ他人への視線が厳しくなっていく、あの負のループの原因がわかったような気がした。

親切でいたい気持ちと、見返りを期待する気持ちは矛盾ではなく、共存していいものなのだ。間違っていたのは、優しさには上限があるということに気がつかず、自分を犠牲にしてまで不特定多数にばら撒いていたことだ。

返ってこないことがわかっているのなら、過剰に親切にふるまう必要はない。例えば、自分の権利ばかり主張してくる人、何かをしてもらうことが当たり前だと思っている人、偉くないのになぜか態度だけ偉そうな人。

無条件に誰にでも親切でいる必要はないと思えるようになって、勝手に背負っていたプレッシャーから解放された。

それからは、親切心はいつか自分を助けてもらうための種を蒔く行為だと思うとすこしだけ楽しくなった。与えた親切心が自分に返ってきたときはまいた種の花が咲いたようで、達成感を得ることができた。無条件に親切を差し出さなくなってから、他人に対する厳しい視線もどんどんやわらかくなっていった。

きっと、他人に与えられる優しさ、というのは上限が決まっている。だからいつでも、だれにでも「良い人」でいる必要はない。優しさの優先順位は、いつでも自分が一番でいい。

親切心は誰にでも
ばら撒かなくていい。
いつか自分のために
なるように蒔けばいい。

3. 「すみません」を口癖にしない

「すみませんでした」

仕事をしていると、ダントツで多く口にしている言葉は謝罪の弁だった。

社会人になりたての頃は、自分の言動に自信が持てず、社内外問わず、何かを指摘されるたびにすぐに謝ることしかできなかった。

気がつけば、一言目には謝罪の言葉が出てきてしまう癖がついてしまった。無力な自分だからこそ、せめて誠意を伝えようと、軽々しく謝ってしまう。

そうして自分の非を認めることになってしまい、立場はより弱くなる。最終的には周りの人の言いなりになってしまうこともあった。

あるとき、お客さんから製品のクレームが入った。お客さんは激しく怒っているわけではないけれど、とても困ったように、製品の不具合状況を説明して、返品の対応を求めてきた。

私はとっさに「申し訳ございませんでした」と言葉にして、返品の対応を進めた。

その後、よくよく話を聞いて調べてみると不具合の原因がお客様の使用環境によるものである可能性が出てきた。

しかし、最初に「申し訳ございません」と謝ってしまったがゆえに、非を早々に認めてしまい後戻りできなくなってしまった。最終的には、こちらが大きな費用を負担することになってしまったのだ。

この案件について、上司には「こっちが悪いか判明していないのに謝るな」とこっぴどく叱られた。大きな迷惑をかけてしまったことに深く反省し、しばらくは落ち込んだ。

それでも、この経験があったからこそ、「謝ることがいつでも正義ではない」ということを知ることができて、叱ってくれた上司にはとても感謝している。

もちろん、謝罪をするべきかどうかは場合や場面によりけりではある。明らかにこちらに非があれば、正直に認めて誠実に謝ったほうがいい。

けれど、すぐにヘコヘコするしかなかった私は、「悪くないのに謝らない」としっかり叱ってもらえたことで、むしろ生きやすくなったのだ。

それから社内でよく周りを見渡してみると、クレーム対応に限らず軽々しく謝っている人は見当たらないことに気づいた。

すぐに謝るのではなく、まず相手の話にきちんと耳を傾け、うなずく。そしてこちらの非を認める前に、相手が困っている状況について共感することが大切で、それによって次第にお互い冷静になり客観的に事実を見つめられるようになる。

何かトラブルがあったとき、すぐに謝らないということは、物事を正しく前に進めるためにとても大切なことだ。

そして、すぐに謝らないということを意識して過ごすと、すぐに謝ってしまっていた頃に比べて周りの人がなんだか丁寧に接してくれるような気がしてきたのだ。

思い返すと、「すみませんでした」という言葉を多用していた頃は、気づかぬうちに自尊心を自ら削っていたのかもしれない。そして、自信のない態度につけ込まれ、どんどん不利な立場に追い込まれて、相手の都合の良いように扱われてしまっていたのだろう。

仕事に限らず、日常のちょっとしたコミュニケーションでも「すみません」「ごめんなさい」を多用しないようにしている。

例えば、家族や友達が、ご飯をふるまってくれたり、駅まで送り迎えしてくれたり、お土産をくれたとき。
気を遣わせて、迷惑かけて、「ごめんね」という謝罪の気持ちよりも、私のために「ありがとう！」と感謝の気持ちをより大きく伝えるようにしている。もちろん、こちらが悪いことをしたら全力で謝罪するけれど、何かを与えてもらったときは、ありがとう、と伝えたほうがお互いにポジティブなコミュニケーションになって気持ちが良い。

いつでも謝るということだけが、誠実な対応ではないということを心にとめておこう。

悪くないのに謝らない。
それだけで、ちょっと強くなれる。

4.

人の気持ちは わからないってことを知ろう

友人から「あなたは他人の気持ちがよくわかって偉いね」と何度か褒められることがあった。そのたびに、少し得意げになっていた。

けれど、他人の気持ちがわかってしまうということは、とても苦しいことでもあった。私の言葉や行動で、相手を傷つけてしまったかもしれないと、悩むこともよくあったし、他人の気持ちを考えすぎてしまうからこそ、自分自身も傷つきやすい性格だと思っていたからだ。

ある日、仕事で同じチームの先輩の機嫌が悪いことがあった。そんなとき、私の頭の中ではこんなことを考えてしまう。

〝あの先輩、さっきちょっと嫌な顔したな。いつもは目を合わせて話してくれるのにどうしてだろう。きっと別件でもめたとき「人に聞く前にまずは自分で調べるべきだ」って話していたから、私の今のしょうもない質問にイラっとしちゃったのかな〟

これまでの経験や話していたことを記憶している脳内のデータベースをぐるぐるとめぐらせて、「ちょっと嫌な顔」の正体をひねり出す。

このような調子で出社してから退社するまでの8時間以上を過ごしていると、情報量と思考回路の多さにとても疲れてしまう。

そして、「あの人はきっとこうだ」をどんどん積み重ねていき、気づいたらその人の不機嫌の理由は全部自分のせいになっている。

あるとき、何気なく友人に相談した。「最近、会社の先輩の態度が怖いのだけれど、きっとあんなことやこんなことを言っていたから、私のこの行動が原因だと思うんだよね」と。

すると、友人からは、思いがけない言葉が返ってきた。

「その可能性はゼロではないかもしれない。でもさ、他人の気持ちって、どんなに想像しても結局は本人と話してみないとわからないことだよ」

確かにその通りだ。あくまで自分の勝手な想像であり、本人の口から聴いたわけではない。「そうだよね～」と共感してくれると勝手に思っていた自分が急に恥ずかしくなった。

他人の気持ちに敏感で傷つきやすいからといって、他人の気持ちを勝手に決めつけてはいけないということに、友人の言葉で気づくことができた。

それから、自分の中で考えを巡らせるのではなく、先輩と少しずつ会話をするよう心掛けた。いろんな話をしてくれるようになり、あのとき、嫌な顔に見えた原因は、直前に上司に怒られて落ち込んでいただけだとわかった。そして、今では自分で調べるより聞いたほうが早いことはどんどん聞いてほしい、と言っている。どうやら人の考えは変わるらしい。

それ以降、他人の気持ちなんて、わからないし、変わっていくものだと思うようにした。他人の気持ちをよく考えなさいと教えられてきたけれど、決めつけてしまって良いということではないのだ。この決めつけは、自分も相手も傷つけてしまうことになる。他人の気持ちはわからないからこそ、想像する必要があるし、そのために、会話を積み重ねていくことが大切だ。

少しずつ、決めつけることをやめて、会話を大切にしていくと、自分が抱いていた不安のほとんどは思い込みや勘違いであることにも気づくことができた。

そうして「ちょっと嫌な顔」の正体を勝手に決めつけなくなったから、その正体と自分を結びつけることもなくなった。

他人の気持ちと、自分の存在を切り離して考えられるようになってからは、気持ちが穏やかになったし、苦手だなと思う人も減って、働きやすくなった。

もちろん、八つ当たりしたり、不機嫌で人をコントロールしようとする人もいる。自分を大切にしてくれていないと思った瞬間から、無理に相手の気持ちを考えようとせずに、しっかりと距離をとる。

他人の気持ちがよくわかるという人よりも、「他人の気持ちはわからない」ことをよくわかっている人が、一番やさしい人なのかもしれない。

他人の気持ちを考えすぎて
悩んでしまうときは、
他人の気持ちは
わからないことを思い出そう。

5. 気にしすぎるのは自意識過剰

私が人見知りである理由のひとつに、自分の放った言葉で相手がどう思うかを考えすぎてしまう、ということがあった。

特に営業職時代は、お客さんと世間話が上手くできなくて、とても苦しんだ。商談のとき、特に初対面のお客さんの場合、何を話して良いかわからず、いきなり本題から切り込んでしまい、和やかな空気や距離感を作れず、上司にいつも怒られていた。お客さんだけではなく社内の人が相手でも同じで、とにかく雑談というコミュニケーションを避けがちだった。

例えば、「天気いいですね～」「暑いですね～」などの目的のない会話は時間の無駄だと思われてしまわないか不安になって切り出せない。

相手が趣味の話題を提供してきてくれてもどこまで踏み込んでいいのかわからず、自分の言葉で相手の機嫌を損ねないか？　と不安になり「いいですね」といった質問ではない言葉で返してしまい、ラリーが続かない。

今日の服装、似合っていますね、などの相手を褒める会話も、相手に媚びを売っていると思われないかと不安になって言えない。

そんなことを別の会社で営業をバリバリやっている友人に打ち明けたところ、「ただの自意識過剰だよ。他人のことを考えてるように見えて、自分がどう思われるかばかり考えすぎ。嫌われたくないだけでしょ。あと、みんなが自分と同じ価値観を持っているわけではないよ」とストレートに言われた。

びっくりした。相手のことを考えすぎるのが原因だと思っていたから、予想外の言葉にストレートパンチを食らった。そして、たしかにそうかもしれないとハッとした。

相手に嫌な思いをさせてはいけない、という気遣いよりも、自分がどう思われるかばかり気にしていた。つまり、嫌われることが怖かったのだと思う。もちろん悪意を持って接することは絶対にダメだ。けれど、相手のことを考えすぎて何も会話ができなくなってしまうほどの人見知りだった私は、相手を傷つけないためにという名目で、会話を避けてもいい理由を作り出し、自分が傷つかないようにしているだけだったのかもしれない。

そして、相手のことを考えているつもりが、自分の考えを相手に押し付けていた。「自分の話に興味がないかもしれない」という心配は「自分が他人の話に興味がない」だけで、「自分の言葉で相手を傷つけるかもしれない」という心配は「他人の言葉で自分が傷つきやすい」だけなのでは、と気づいたのだった。

そうして、言葉を発することへの不安を手放すために、他人がどう思うかを気にする前に、まずは自分がどう思うのかを変えることにした。

まずは、退屈な世間話も歓迎して頷きながら聞く。興味のない分野の話でも何かひとつ質問を探してみる。褒め言葉は深く考えず全力で好意的に受け止める。ちょっと嫌なことを言われても悪意があるわけではないだろうと軽く受け流してみる。

自分の捉え方を変えてみると、他人から嫌われるのでは？　と気にすることが減っていき、自分からコミュニケーションをとることが少しだけ容易くなった。そして、すぐには積極的になれるわけではないけれど、自分から挨拶してみたり、話しかけてもらったときに相手に質問を振ってみたり、少しずつ会話を重ねることを楽しめるようになっていった。

人見知りすぎた頃に抱いていた不安は、今でも完全になくなったわけではない。一度放った言葉はもう取り戻すことはできないし、責任は永遠に付きまとう。けれど、人と会話を重ねてお互いを知っていくうちに、放った言葉の受け取り方は後から変えることができる、ということも分かった。

だからこそ、相手を傷つけないように言葉をこらえるのではなく、何度も交わし続けて、人間関係を築くことが大事なのだと思っている。だから、これからも人と会話を重ねることを諦めないでいたい。

きっと、これからも仕事やプライベートで、新しい環境に飛び込み、新しい人たちに出会うタイミングというのは何度でも訪れる。人見知りが発動してしまったときには「気にしすぎるのは自意識過剰」という言葉を何度も思い出していきたい。

人見知りで
言葉に詰まったときは、
「気にしすぎるのは
自意識過剰」
と思い出してみよう。

6. 過去よりも、今を見つめる

過去の失敗を引きずり、仕事に対して消極的になってしまう時期があった。

それは、うつ病で休職し、復職して少し経った頃のことだ。ようやく仕事にも慣れてきて、任せてもらえる業務が増えて、社内の人たちと広く関わることが少しずつ多くなっていった。

飲み会に参加すれば、「なんで休んだの？」「あの上司、厳しいもんね」「誰かにいじめられたの？」「やっぱり営業向いてなかったのかね」と興味本位で尋ねてくる人も少なくなかった。

過去の失敗を取り戻すべく、なるべく明るくふるまっていたがゆえに、軽々しく踏み込まれてしまう。その場で全く回答をしないのは空気が悪くなると思い、誰かを悪者にすることなく「新しい環境で体調崩しちゃったんですよね〜」とやや語尾を上げながら答えてみる。

すると、思ったよりも面白くなかったのか、「まあ、少しは強くなったね」と、裏を返せば過去の私が弱かったとも捉えられる言葉を放たれて、すぐに別の話題に切り替わっていった。

おそらく、本当にただの「興味本位」であって、私の過去を否定したり、故意に傷つけたいわけではないのはわかっていた。

けれど、苦しかった経験が、他人の酒のツマミとして消費されていくような思いをするのは本当に悔しかった。

過去の苦しみを掘り返され、軽くあしらわれ、決めつけられることは、気持ちを後ろ向きにさせられる。こんなことを繰り返すうちに、自信を持てなくなり、仕事を進めていく中でもモチベーションが不安定になっていた。

そんなとき、復職後に配属になった先の上司が、転勤を伴う異動をすることになった。

転勤前、最後に交わしたメールでこんな言葉を贈ってくれた。

「休職した経験は、これから後輩を育成する立場になったとき、さらには管理職になったときに必ず役に立ちます。持ち前の明るさで、これからも乗り越えていってください」

私は勝手に過去の経験を失敗・挫折としてネガティブに捉えていたけれど、それをポジティブに捉えて、さらに期待まで込めてくれた言葉に大きく救われた。そして、私は自分で「明るい」性格だと思ったことも、言われたこともなかった。むしろ、その対極にいると思っていた。けれど、過去は関係なしに、今、仕事に前向きに取り組んでいる姿を見つめてくれて、上司の目には「明るい」と映っていたことが、自信にもつながった。

そうして、過去のことで周りにどう思われるかを気にすることをやめた。

今、目の前で一緒に仕事をしている人たちに何ができるか、どう思ってもらえるかを考えて仕事に取り組んだ。そして、一年が経った頃には、誰にも休んでいたことを話題にされないくらい、元気に働くことができていた。

ここまで元気になれたのは、過去よりも、今をきちんと見つめて、信じてくれた上司のおかげだ。


世の中には、他人の失敗や挫折を聞いては、勝手に評価する側になって優越感に浸る人もいる。

けれど、職場は、お互いの利害関係で考えるからこそ、一緒に仕事をしている人は「今の私」が頑張ってくれているかどうかで判断してくれることが多いとも感じている。業務で深く関わる人ほど、興味本位で過去を掘り下げて評価してくる人はいなかった。

過去に引きずられず、今の私を見てくれる人のために、働く。そうして、いつか今の私が過去になる。だから、今を変えれば、過去も変えられるのだ。

休職に限らず、取引先や同僚を怒らせるようなミスをしたり、思うように成果が出なかったり、たくさんの失敗をしてきた。他人から見たら挫折や失敗に見えることも、今振り返ると、新しい気づきを得ながら、前に進むための過程にすぎなかった。

そして、私が上司の言葉に支えられたように、周りにいる人やこれから関わっていく人たちに対して、過去のことで勝手にジャッジする側にならずに、今を見つめて信じられる人でありたい。

過去のことでくよくよ悩む時間がもう訪れないように、私は今を懸命に生きることにした。

過去の失敗で
悩んでしまうときは、
今、目の前にいる人たちに
何ができるかを考えてみよう。

7. 真面目な自分をたまにはサボる

社会人になってから、「真面目だね」とよく言われてきた。そのニュアンスは、おそらく褒め言葉ではなく、悪口に近かった。

私は特別な才能に恵まれることなく、いたって普通に、可もなく不可もなく……というように生きてきた。

学生の頃、勉強は平均点より少し下で、運動神経も悪いと言い切れるほどではなく、クラスの同級生とはそれなりにみんなと話すが中心に居るようなタイプでもなかった。この平凡な人間ゆえに、誰かに気にかけてもらうこともできず、かといって自分から誰かを頼れる力もなく、ただ「真ん中」からこぼれないように集中することでなんとか生きてきた。

とにかく、決められたルールを守り、「誰にも迷惑をかけないように」と心がけることで、なんとか集団生活についていこうとしていた。

社会人になっても、その「真ん中」を遵守するべく、淡々と真面目にこなすことで自分を守っていった。

何かミスをしたとき、愛嬌があれば誰かに助けてもらえたり、優秀な成績をおさめていれば多少許されたりするかもしれないけれど、そんな能力がない自分にとっては、そもそもミスをしないほうが手っ取り早い。とにかく、悪目立ちしないようになるべく丁寧にこなすようにしていた。

このように、とにかく「減点」を避けるように仕事に取り組んだ挙句、真面目でいることが目的になってしまっているような時期があった。次第に、真面目ではない人をズルいと感じることも増え、10分遅刻した、提出期限が少し過ぎている、同じことを何度も聞いてくる、上司の言っていることがさっきと違う、など、誰かのちょっとしたミスで、イライラするようになってしまった。

そんな私のことを察したのか、信頼している先輩にこんなことを言われた。

「あなたはすべてを真面目にこなしすぎている。すべてを真面目にこなせることも、一つの才能で当たり前のことではない。それを他の人にも求めちゃダメだよ。他人に迷惑をかけないことよりも、迷惑をかけることはお互い様、だから足りないところを補いあっていかなきゃね」

凡人であることを才能だと認めてくれたうえで、助け合うことの大切さを教えてくれた先輩の優しい言葉に救われた。

もちろん、真面目でいることは悪ではない。でも、それを悪口のようなニュアンスで言われてしまっていたのは、自分の真面目さを武器に、周りの不完全さを否定して、威圧してしまっていたからなのかもしれないと反省した。

もちろん、会社のルールを守ることやミスをしないことは大切なことである。でも、学校とは違って、社会や仕事というのは、ルールが曖昧で、状況に応じて善し悪しが変化することが常だ。置かれている立場や見ている視点によって、目的も結果も異なる。そういった状況の中では、すべてを正しくこなそうとしてしまう真面目さは息苦しさを助長してしまう。

もし、真面目でいることで、誰かをズルいと思ってしまうことが増えているのならば、自分が頑張りすぎている合図なのかもしれない。

そんなときは、完璧ではない誰かを責めるのではなく、頑張れている自分をちゃんと褒めて、労わってあげよう。

そして、いつも頑張っているからこそ、たまには真面目でいることを少しサボってみるといい。

会社に着くのがギリギリになっても、頼まれごとを断っちゃっても、少しくらい書類にミスがあっても、ずる休みしちゃっても、上司の言うことを全部聞かなくても大丈夫だ。

真面目な自分をサボってあげると、他人へのイライラする気持ちも、少しだけ和らいでいく。

他人の失敗を許せるようになれば、自分の失敗も許せるようになる。

自分の失敗を許せるようになれば、他人の失敗も許せるようになる。

そうやって、お互いに迷惑をかけながら、助け合いながら、生きていけるようになろう。

たまには真面目を
サボってみても、大丈夫だよ。
いつも頑張っていて、えらいから。

8.

目の前の人がいつも正しいとは限らない

30歳手前になってからは、20代前半の頃よりも他人の言動に一喜一憂することが減ってきた。昔は、身近にいる人の言葉をいちいち信じては傷ついたり落ち込んだりしていた。けれど、誰かの言葉に振り回されることが減ったのは、目の前の人の言葉がいつも正しいとは限らない、ということを知ることができたからだと思う。

大学4年生の頃、私は同級生よりも長く就職活動をしていた。

すっかり寒くなり、卒業まで残り僅か。就職先がすでに決まっている友人たちは卒業旅行などを楽しんでいた。そんな状況の中で、私はありとあらゆる可能性を模索して、最後までリクルートスーツを脱がなかった。

進路が決まらず人生で最も不安な状況で、大人たちに言われたことを今でも覚えている。

大学のキャリアセンターにＥＳの添削を依頼したときのこと。先にＥＳを提出し、30分ほど待つと、40代くらいの女性職員が窓口に出てきた。すると、私の挨拶に返事をすることもなく「で、何が聞きたいの？」と言った。「ＥＳ添削をお願いしに来たのですが。読んでいただけてないですか」と聞くと「読んでもらう前にさ、具体的に何を聞きたいの？　あなた就職活動しているんだよね。そんなんじゃ社会人になっても、やっていけないよ」と偉そうに言われ、結局、添削どころかＥＳを読んでもらうことすらできなかった。

とあるベンチャー企業の面接では、入社2年目の女性社員が面接官だった。一通りの質疑応答を終えたあと、「もっとさ、会社に頼らないで自分が成長することを考えなきゃ。私はここでスキルを身に着けて、いつか独立して〜」と、急に自分語りを始め、お願いもしていないのに勝手に人生のアドバイスをしてきた。

遅くまで就職活動をしていると、なぜか説教をしてくる大人がたくさんいた。そのどれもが「社会に出たら通用しないよ」という内容だった。学生の頃は、目の前の大人の言うことが正しく感じて、その度に落ち込んだ。

けれど、全部嘘だった。私は今、ちゃんと社会人をやっている。仕事でお客さんの要求を無視することもしないし、無責任なアドバイスもしないし、少なくとも、自分より弱い立場の学生に説教して気持ち良くなっちゃうような大人にはなっていない。

きっと彼女たちにとっては嘘ではなかったのかもしれない。彼女たちの職場では正しいことで、上司や同僚に何度も怒られて、苦労したからこそ、あのような説教をしてきたのだろう。

けれど、私には私の人生がある。彼女たちと同じ職場で仕事をするわけでもなければ、求めているものも、求められていることも違う。だから、「そんなんじゃ社会人やっていけないよ」というのは、彼女たちにとっては真実でも、私にとっては真実ではなかったのだ。

「そんなんじゃうまくいかないよ」という言葉には、自分が経験してきた過去の失敗や苦労を正当化するために、あなたも失敗してほしい、という願望が込められていたのかもしれない。

社会人になってからも「こんな時代じゃ若手は育たないよね」とよく言われた。ハラスメントになるから叱られない、残業や休日に仕事をすることができない、飲み会に積極的に参加しない、という点を挙げて、「そんなんじゃ成長しないよね」とお酒の場でよく説教をされた。

この説教の裏には「自分たちはあんなにツライ思いに耐えてきたのに、その苦労を味わっていない若手には成功してほしくない」という願望が透けて見えてしまった。それでも、私はそんな苦労をしなくても、本業でも副業でも仕事にやりがいをもって取り組めているし、必要なお金も稼ぐことができているので、私にとっては正しくなかった。

他人の過去を正当化するためだけに、自分にとって必要のない苦労を買わなくてもいい。自分がどうなりたいかを考えた先に待っていた苦労を乗り越えることが、本当の意味での「成長」になる。

もし、目の前の人があなたを否定するようなことを言ったとしても、真に受けないようにしよう。誰かの無責任な言葉よりも、自分のことを信じて、前に進んでいくんだよ。

他人の言葉に
頼りすぎることなく、
まずは自分のことを
信じてみよう。

世界は自分中心に回ってるに決まってる。だから、自分を犠牲にしてまで他人に尽くす必要なんてないよ。好きなメイクをすればいいし、行きたくない飲み会は断ってもいいし、たまにはサボっても大丈夫だし、嫌なこと言われたら笑わなくてもいい。ずっと、世界の中心は”あなた”だよ!!

どうしても嫌いな人で頭がいっぱいになっちゃうことがある。そんなときの対処法は、自分磨きに時間を費やすしかない。勉強する、筋トレする、食事に気を使ってみる、新しいコスメや服を買う。自分のことを考える時間〉〉〉〉〉〉〉〉〉嫌いな人を考える時間にするのめっちゃ大事。時間は自分のために使おう。

真面目にやっていれば良いことがあるって呪いだ。会社サボったって、頼まれた事を断ったって、上司の言うこと無視したって、無理に飲み会行かなくたって、自炊しなくたって、夜中にラーメン食べちゃったって、良いことはあるよ。頑張りすぎてなくて、大丈夫。

「申し訳ございません」を乱用しないように心がけている。自分が悪くなくても謝らないといけない雰囲気のメールは「この度はお手数おかけして大変恐れ入ります」って、謝ってそうで謝ってない言葉を使う。これで自尊心を擦り減らさずに済む。小さなストレスは積み重なると爆発するからな！

第2章

もっと自分を好きになる考え方

人間関係の悩みの多くは、自分への自信のなさが原因になっていることが多い。周りの人と比較することで自分の価値を測ろうとしてしまい、不安になったり、焦ったり、落ち込んだりしてしまうことがたくさんある。

自分にとって必要のないものを手に入れようと足掻き、失敗しては自己嫌悪に陥ってしまう。そして、自分にないものを持っている人を羨ましがったり、ときには妬んだりしてしまう。そういう不安定な感情こそ、人間関係がこじれる原因になりがちだ。もっとありのままの自分を好きになれたら楽になるのに、と何度も思ってきた。

自分を好きになるためには、誰かに愛されたり、称賛されたりすることが必要だと思ってしまう。けれど、自己肯定感の本質はそうではないと、私は考えている。

自分にとっての幸せをよくわかっていること。
自分が決めた選択肢を信じてあげられること。
自分で自分のことを大切にできること。

人生の中で最も長く付き合うのは、他の誰でもなく「自分」なのだ。
他者を介在させずに、自分で自分を認められる力があれば、揺るぎのない自信につながっていく。

健やかな人間関係を育めるように、他の誰と比べるでもなく、背伸びをすることなく、もっと、ありのままの自分を好きになってもいいんだ、と思えるヒントをつづりました。

1. 執着を手放して、本当の憧れを考える

これまでの人生で、他人と比較して落ち込んだり、自分の選択を後悔したりすることはたくさんあった。

高校の同級生は私よりも偏差値の高い大学に進学した。
大学の同級生は私よりも有名な企業に就職した。
同世代の友人は私よりも収入が多くて、良い暮らしをしている。

ずっと、横並びで過ごしてきたはずの友人たちがそれぞれの道に進んでいくたびに、あっちのほうが……と思ってしまい、惨めな気分になってしまう。

入社して早々に体調を崩し、会社を休むことになった頃は、自分の近くにいる人と比べてしまうことのピークの時期を迎えた。

同級生たちはちゃんと社会人生活を謳歌しているのに、志望していた会社にも入れず、うつで休職にまで追い込まれ、極貧生活を過ごしている自分が惨めになって仕方がなく、知人とつながっているすべてのＳＮＳアカウントを閉ざしてしまった。しばらくは情報を遮断し、布団の中で世界を呪うことしかできない暗黒モードだった。

けれど、社会と遮断した暗黒モードを経験したことが、他人と比較してばかりの自分の考え方を変えるきっかけになった。

まず、仕事にも行かず、ＳＮＳもシャットダウンしたことで、自分との比較対象となる余計な情報が入らなくなった。

そして、布団からようやく出られるようになった頃、ＳＮＳを開くのではなく、流行りのアニメ、名作と呼ばれる映画、私よりも先に人生を歩んでいる方のエッセイにたくさん触れた。

気がつけば、私の憧れは身近な知人ではなく、その物語の主人公たちになっていた。身近な知人に憧れるのは嫉妬や後悔の入り混じった濁った感情だったけど、別の世界にいる人への憧れはとても前向きでクリアな感情だった。

同じ「憧れ」なのに、どうしてこんなにも気持ちのあり方が変わるのだろうか。そう考えていると、あることに気がついた。

前者の憧れは、手に届きそうで届かなかった物事への執着。
後者の憧れは、私がただ純粋になりたいと願う、夢。

この違いがはっきりしたときに、執着を手放すことができた。うまく進んでいないように思えた自分の人生を憂うことがなくなった。

周りと比較して、他人が持っていて自分が持っていないものを手に入れようとしてしまうのは、そのほうが生きるモチベーションを保つのが簡単だからだったと思う。

長すぎる人生の中で、ずっとモチベーションを保つのは難しいし、生きるために選ばなくてはいけないことがあまりにも多すぎる。

働くことも含めて、生活を営むためには日々たくさんの選択を迫られる。だからこそ、数字や知名度とか、他人からもわかりやすく認めてもらえるもので比較して選んだほうが簡単で、いつしかそれに執着してしまう。

もちろん、そのものさしは簡単にモチベーションを上げてくれるから、正しい選択でもあるし、助けられることもある。けれど、自分の幸せの価値を測るためのものさしとしては、とても脆いものでもあると思う。

例えば、偏差値の高い学校に通うこと、有名な会社に就職すること、裕福な暮らしをすることが幸せなのだとしたら、受験に落ちたら、仕事を辞めたら、収入が減ったら、その瞬間に簡単に不幸になってしまう。

だからこそ、相対的な評価軸だけでなく、自分だけの絶対的な評価軸をもう一つ持っていると心強い。

そうして、長い休みを経て、私にとっての本当の憧れを思い出した。15歳の頃に抱いた「誰かを励ますことのできる大人になりたい」という夢を、再び自分の幸せの軸においた。「今の仕事でチームを励ませるようにもう少しできることを増やしたいな」「ＳＮＳを使って多くの人に励ます言葉を発信したいな」「家族が忙しいときにおいしいご飯を作ってあげられるように料理のレパートリー増やそう」と、様々な手段で達成できるし、選択肢が幅広い。だから、一度や二度、失敗したくらいでは不幸にならない。

自分の外側にあるものではなく、内側にあるもので幸せを考えることは、何かひとつ失っただけでは揺るがない、絶対的な幸せの指標になる。

誰かと比較して、自分が欲しいものを考えていた頃は、ないものばかりに目を向けていた。けれど、今はあるものに目を向けながら、自分には何ができるだろうかと考えられるようになっている。

これからも、自分にとっての幸せをよくわかっている大人でありたい。

自分にとっての幸せを
よくわかっている
大人になろう。

2.

居場所はひとつじゃない

中高生時代を振り返ると、学校の教室での記憶がほとんどない。週に1回は激しい胃痛と吐き気に襲われ、保健室に駆け込みそのまま早退していた。そして、「笑っていいとも！」を見ていた記憶が鮮明なほど、よくズル休みをしていた。友達がいなかったわけでもなく、それなりに普通に過ごしていたけれど、学校という居場所にどうしても馴染めなかった。

学年が上がるにつれて授業にはついていけなくなっていたし、どの担任の先生とも仲良くなれなかったし、文化祭や体育祭で盛り上がる同級生を、どこか一歩引いて見ていた。

学校には確かに自分の席があったけれど、周りの誰の目にも「私」は映っていなくて、自分の居場所だと思うことが全くできなかった。

けれど、15歳のときに、人生を変える出会いがあった。メジャーデビュー前のあるバンドのラジオ番組をたまたま聴いていた。なんとなく送ったメールが読まれた。それをきっかけに、彼らのライブを観るために、小さなライブハウスに足を運ぶようになった。

当時、ライブで必ず歌う曲があった。タイトルは「東京」。

〝ねえ　上手な言葉の一つも言えないけれど
せめて心を迷いなく開けるように
無理矢理に励まさず　君と一緒に泣きたくて
君の目に映る　東京を生きたくて〟

ずっと、帰りたい家もないし、行きたいと思える教室もなかった。でも、この曲に出会い、誰にも打ち明けることのできなかった孤独をようやく見つけてもらえた。それは、このバンドの音楽に、自分という存在を初めて認めてもらったような感覚だった。

ライブに通いつめているうちに、このバンドの音楽があるライブハウスという場所は、私にとって初めて「ここに居てもいいんだ」と思える居場所になっていった。

私たちのために歌ってくれる歌。何度も交わしてきた「一緒に、頑張ろうね」という言葉と握手。名前入りのサイン。会場で出会った友達がくれるお菓子や手紙。ライブハウスで出会う人たちの目には、ちゃんと「私」が映っていた。そうして、このバンドのように「誰かを励ませる大人になりたい」という夢を初めて持つことができた。

高校3年生になった私は、夢を叶えるために、自分の居場所は自分で探すんだと決心した。教室の端っこで、バンドのグッズを机に並べて、黙々と受験勉強を始めた。あんなに苦手だった教室に、誰よりも早く行き遅くまで残った。自分の人生を歩み始めた瞬間だったと思う。そうして、志望していた伝えることを学べる学部に進学することができた。

居場所はひとつだけじゃないと知ってから世界は途端に広くなった。

大人になってからも、教室で感じていたような孤独はなくならない。

社会に出てからは、学生の頃よりたくさんの人と関わりながら仕事をしているからこそ、自分の存在がちっぽけに思えてしまうときがある。上司やお客さんに怒られたり、同僚と仲良くなれなかったり、同期よりも成果が出なかったり。ここに自分が必要とされていないんだなと感じるたびに、足はすくむし、目の前の景色はかすんでしまう。

けれど、失敗した自分を否定せずに、信じて、そのたびに立ち上がってきた。その「自信」は、私のために歌ってくれる音楽があったから築くことができた。

イヤホンから彼らの曲が流れた瞬間に、ライブ会場に足を運んだ瞬間に、「私は大切な存在である」ということを何度でも思い出させてくれる。

居場所がひとつだけだと、そこでうまくいかなかったとき、自分が悪いのだと勘違いしてしまう。でも、他にも自分を認めてくれる居場所があれば、自分ではなく「ここ」が合わなかっただけだと思うことができる。自分を否定しないためにも、音楽はもちろん、映画や本、趣味、ＳＮＳ、何でもいいから、自分にとって居心地が良いと思える居場所をたくさん見つけていきたい。

あの頃は、小さなライブハウスの最前列で「東京」を聴いて、ただ泣くことしかできなかった。10年以上が経ち、私は東京で働く会社員となった。仕事帰りにカフェで原稿を書いていると、あのバンドの曲が有線から流れてきた。

大人になった私は、ちゃんと「誰かを励ませるように」と想いを込めてこの本を書いている。

今いる場所が
すべてじゃない。
自分の居場所は
自分で見つけよう。

3.
褒め言葉は、両手を広げて受け取ろう

社会人になりたての頃、パーソナルカラー診断を受けに行った。プロの診断士が、肌や瞳の色味を見ながら、より明るさや透明感を引き出す色を見つけてくれる。

新卒で営業職に就いた私は、自分に強みがなく悩んでいた。同期たちのように明るく社交的でいることでは勝てないなと思い、他の何かでプラスにできることはないかな、と考えていた。そこで、少しでも良い印象を与えられるようになりたいと、すがる思いで、初任給から引き出した2万円を握りしめてパーソナルカラー診断を受けに行った。

顔の下に、様々な色の布を当てられる。寒色系の青みがかった色を当てられると、顔色はパッと明るく透明感を帯びる。診断してくれるマダムが「あら！　素敵！　あら！　お似合い！」と高い声でいちいち大げさに褒めてくれる。そのたびに、私はどう反応していいのか分からず、「いや、いやぁ……」と苦笑いするしかなかった。そんな私を見兼ねたマダムはこう言った。

「あなた、褒められるの、苦手かしら？」

マダムの顔は、とても悲しそうだった。なぜ、悲しむのだろう？

私のために似合う色を探してくれる彼女の褒め言葉を拒絶することは、彼女の気持ちさえ否定することになってしまっていたのだと、ハッとした。

褒め言葉を謙遜して否定することは、逆に失礼ではないかと、気づかされた瞬間だった。急に自分を大好きにはなれないし、自信を持つことはできない。けれど、せめて褒めてくれた「あなた」の善意を両手で快く受け取れる人でありたいと思った。診断が終わり、勇気を出して言葉にしてみた。

「今日は、私を素敵にしてくれてありがとうございます」

マダムはにっこりとして、私に似合う色のチークをプレゼントしてくれた。

それから仕事でも、「この資料いいね」「発表良かったよ」と言ってもらえたときには、私を認めてくれた「あなた」に、全力で「ありがとうございます」と言えるようになった。そして、そんな私を見て、もっと謙虚でいろ、こんなのお世辞だよ、なんて突き放す人は、1人もいなかった。

褒め言葉を素直に受け入れられなかったのは、いつも周りにいる人の良いところと、自分の悪いところを比べていたからだった。自分の悪いところばかりを見つめていたから、誰かに褒められても「あの子のほうがもっと……」という想いが強く、素直に受け取ることができなかったのかもしれない。

パーソナルカラー診断を受けた理由も、周りと比較して自分の弱みばかりに目を向けていたからだ。営業であれば明るく社交的でなければいけないと決めつけて、それに対して自分の能力が足りていないからなんとかしなきゃ、という考えだった。けれど、マダムの言葉をきっかけに、周囲の人たちの褒め言葉を受け入れていくと、資料作りなど、自分では気づくことのできなかった強みを知っていき、営業の仕事に活かすこともできた。

そして、当時の上司が、ネガティブなところばかりに目を向けてしまう私の性格を見抜いていてくれたうえで、いつも言ってくれる言葉があった。

「長所は自分で見つけるものではなく、周りが見つけてくれるものだよ。だから自分では上手にできていないと思っていても、続けていれば、周りが良いところを見つけてくれるから、それを信じてね」と励ましてくれていた。

自分にとってはできて当たり前のことでも、周りから見たら難しいことかもしれない。自分にとってはできなくて苦しんでいても、周りから見たら重要ではないことかもしれない。パーソナルカラー診断のマダムと、新入社員時代を支えてくれた上司のおかげで、他人からもらったポジティブな言葉を頼りに、自分を作り上げていくことの大切さを教えてもらうことができた。

あの頃は、自分では似合う色もわからなければ、好きな色もなかった。けれど、今日もマダムがくれた、ラベンダーカラーのチークを頬にのせる。そうすると、少しだけ自信が湧いてくる。

褒め言葉は、額面通りに受け取って喜んでもいい。それが、褒めてくれたあなたも、褒められた私も、ハッピーなコミュニケーションである。

褒めてくれた
「あなた」の善意を、
両手で快く
受け取れる人でいよう。

4.
自分を大切にした人が、他人からも大切にされる

SNSで人間関係の悩みを募集したときに、一番多い悩みが「嫌われることが怖くて、自分を犠牲にしてまで人に合わせてしまう」というものだった。

仕事で自分の意見を伝えることができず雑用を押し付けられてしまう、飲み会で雰囲気を悪くしたくないから嫌なことを言われても笑って流してしまう、その場を盛り上げようと自虐的なことをつい言ってしまい後悔するなど、人に嫌われることが怖く、自分の本心をきちんと伝えられず、都合の良い相手になってしまう。その結果、周囲の人から大切にしてもらえないといった悩みだった。

私は、とある経験をきっかけに自分を犠牲にしてまで他人に合わせるのはや

めようと思うことができた。

入社して間もない頃だった。取引先の偉い人がご厚意で、関係者数人とよく食事に連れて行ってくれた。お会計が一人1万円以上するようなお店ばかりで、つい最近まで学生だった私はこんな高価でおいしいものを無料で食べられるなんて！　と喜んでいた。

彼らの昔の武勇伝や仕事論を聞き、「ええ！　すごいですね！」と目を輝かせながらうんうん頷いた。ときには、え？　それってセクハラ？　パワハラ？と思う発言でも、笑ってその場を受け流していた。帰ってから、次第にもやもやが大きくなっていったが、仕事だし、おいしいご飯を食べられるし、今だけ私が我慢すれば、いつか得をするだろうと自分を納得させていた。

ある食事会のとき、仕事で私だけ遅れることになった。その日は、高級焼き肉を食べる予定だった。遅れて駅に到着すると、取引先の男性が改札まで一人で迎えに来てくれていた。改札を抜けてすぐに、「遅れてすみません、ありがとうございます」と伝えると、「全然大丈夫だよ」と言いながら、私の頭を撫でたのだ。その瞬間、全身に寒気が走った。私の価値ってそんなに手軽なものなのか、と思うとたまらなく悔しくなった。その後、食べた高級焼き肉は、全く味がしなかった。

嫌なことを我慢して、相手に合わせた先に待っていたのは、自分が粗末に扱われる体験だった。これは１００％相手が悪いのだけれど、もやもやしている気持ちを誤魔化した結果、避けられたはずの不幸に突っ込んでしまった。

この一件で、自分を大切にしてくれない人と食べる高級焼き肉よりも、自分を大切にしてくれる友人や家族と食べる焼肉きんぐのほうがずっとおいしい、という当たり前のことに気づくことができた。

その後、勇気を持って、食事も断り、上司に相談して担当から外してもらうようにした。重要な取引先だったので、我慢していればいろんなチャンスがあったかもしれないけれど、むしろ手放したからこそ、他の取引先から新しいチャンスを得ることもできた。

きっと、自分を犠牲にしてまで得られる価値というものは、本来は必要ではないものなのだ。

嫌なことを嫌だ、と伝えられるようになってからのほうが、私のことを信頼してくれる上司や同僚、友人たちにも恵まれるようになった。もちろん、思ったことをそのまま言葉にするのではない。嫌なことを伝えるときは、相手を責めたり否定するのではなく、自分の気持ちや相手への要望を丁寧に伝える工夫が必要だ。そして、逆にこちらが傷つけてしまった場合は素直に謝り、相手の気持ちも受け入れる姿勢を持つことも大切だ。

どんなに丁寧に伝えても、相手によっては、自分の思い通りにならないことが気に食わないのか、不機嫌な態度をとられたり、嫌われてしまうことも確かに少しはあった。その瞬間は落ち込むけれど、むしろ自分を都合よく利用する人が明確に分かるようにもなったので、自然と距離をとることができ、ひどく傷つくような人間関係のトラブルを避けられるようになった。

そして、嫌われることはそんなに恐れることではない。自分にだって嫌いな人がいるように、自分が誰かの嫌いな人になるのは、とても自然なことだ。きっと、嫌われることが怖いのではなく、自分の周りから人が離れていくことが不安で仕方がないのだと思う。

それでも、自分を傷つける人からは離れる勇気を持って、自分で自分を大切にできた人だけが、自分を大切にしてくれる人たちに出会うことができるのだ。

私は、やっぱり本当においしい焼き肉を食べて生きようと思う。

自分を犠牲にしてまで、
他人に合わせる
必要はないよ。
自分を大切にした分だけ、
他人からも
大切にされるから。

5.

自分のペースで歩いてみよう

みんなと同じように頑張れない自分が嫌いだった。

SNSを開けば、自己実現のために転職したり、残業をして遅くまで働いたり、休日に資格の勉強をしたり、海外に留学へ行ったり、そういう真っ当な努力をしている人たちで溢れかえっている。画面の向こうの人たちと自分を比べては、頑張りが足りていない気がして不安になることがある。

そして、比較の対象が友人や同僚などの身近な人の場合、自分も同じように頑張らないと認めてもらえないのではないかと、勝手にプレッシャーを背負い、焦りが募っていく。

でも、うつ病で休職したことをきっかけに、他人の頑張りに振り回されずに、自分の頑張るべきことを大切にすることができるようになった。

休職期間を経て、復職したばかりの頃。

まずは時短勤務で徐々にフルタイムへ戻すような働き方だった。幸いにも、周りの同僚や上司に恵まれ、仕事の負荷も調整してくれて、業務に関するストレスを感じることは全くなかった。

けれど、私が徐々に仕事復帰を目指している頃、周りの友人たちはすでに新人を抜け出し、ある程度責任の持てる業務を任されて、残業をしながら後輩を指導する立場になっていた。

「今月の残業時間やばかったわ〜」「最近、上司が厳しくてさ〜」「後輩を育てれていない自分に焦りを感じてしまうことがあった。

るって難しいわ〜」という会社員のありきたりな愚痴を聞くたびに、まだ頑張

けれど、病気という明確な理由があったからこそ、自分のペースで努力できる良い機会でもあった。病気に関して担当医は「メンタルが弱いというわけでも努力が足りないわけでもない。ストレスで脳がうまく働かなくなっただけ。しっかり休んで、健康に戻そうね」と言ってくれた。

その言葉を信じて、早く帰ることも、早く寝ることも、休日にはすっかり仕事のことを忘れて過ごすことも、健康に働くための、私なりの努力であると言い聞かせながら、誰かにペースを乱されることなく進んでいった。

〝毎朝、同じ時刻に起きられるようになった。朝食も欠かさず食べられるようになった。誰かと会うことが億劫ではなくなった。定時まで集中することができた。雑談ができるようになった。電話に出ることが怖くなくなった〟

まるで新入社員のようだったけれど、昨日の私、一週間前の私、一年前の私よりは確実に前に進んでいる。そして、できなかったことよりも、できたことに目を向ける。自分にとっての小さな「できた」を少しずつ積み上げて、自分で自分を褒める。こうして誰かと比べるのではなく、過去の自分と比べるように心がけた。

この考え方を繰り返していくうちに、ようやく元気な自分を取り戻すことができた。今は休んでいた頃の記憶が曖昧になるくらい、目の前の仕事の悩みでいっぱいになっている。きっと、健やかに働けている証拠だ。

努力というのは、他人に認められるために消費するものではなく、未来の自分が少しでも幸せになれるように投資するものだ。どんなに身近にいる人であっても、目指す未来が違うから、努力の仕方も違って当たり前だし、すべての人にとって同じ正しい努力というものは存在しない。

みんなと同じように頑張らないと認められないのでは？　と不安を抱えていた頃よりも、自分のペースを受け入れられるようになってからのほうが、頑張ることが楽しくなっている。

誰と比べるでもなく、自分と向き合い、自信を育んだ時間があったからこそ、誰かに認められようという必死さがなくなった。そして、他人と比較することをやめると、他人に対しても肯定的に接することができるようになった。

振り返ると、休むということは決してネガティブな選択ではなく、人とは違うペースで歩み始める勇気を持って、自分と向き合う覚悟を決めた、とてもポジティブな決断だったと思う。

自分のペースで歩けるようになってから、ゆっくりだけれども足取りは軽やかで、あの頃よりずっと遠くまで行ける気がしている。

自分のペースで
歩き始めれば、
ずっと遠くまで
たどり着けるはず。

6. 人の努力を認められないときは自分を見つめ直す合図

同じチームに、仕事ができると評判の先輩がいた。はじめは仕事に対して前向きな話を聞かせてくれたり、丁寧に仕事を教えてくれたり、親身になって相談を聞いてくれたりと、とても信頼していた。出張に同席させてもらったり、食事に連れて行ってくれたり、尊敬できる先輩に気にかけてもらえることもうれしかった。

しかし、ある頃から、先輩との関係は変わってしまった。

飲みに連れて行かれると、評価されないことへの愚痴を延々と聞かされ、他の同僚の文句で溢れかえるようになってしまったのだ。話を聞いていると、先輩は昇格が思うようにいかず、かなりストレスを抱えているようだった。そして、運が悪いことに、私が担当していた案件の成果が少しずつ出てきたタイミングでもあった。

　面倒見の良かったはずの先輩は、私をフォローしてくれることはなくなり、むしろ必要な情報を共有してくれず、事前にアドバイスされたことを実行すると、その反対のことを会議で指摘してくるなど、かなり足を引っ張ってくるようになってしまった。

　もともとは優しい先輩であったことから、きっと完璧でいなければ自分を認められない性格だったのだろう。昇格のタイミングが思い通りにならないという、私とは関係ない理由で先輩のサンドバッグにされるのツラかった。しかし、新人の後輩に八つ当たりしている姿は、あの少年漫画に出てくる見境なく人を襲う鬼になってしまったようで、不憫に思う気持ちのほうが大きかった。

　漫画の主人公のように自分の命を懸けてまで鬼の首を切ることも面倒くさか

ったので、私はそっと距離を置くようになった。

そして、私のストレスが限界に達する手前で、運よく人事異動があり、一緒に仕事をすることはなくなった。

数年が経ち、今度は私がその先輩と同じように昇格のタイミングで悩みを抱えるようになった。同期や後輩たちよりも昇格が遅いのではないかと、日々焦っていた。

同世代の同僚がうまくいっているのを見ると、次第に「私のほうが努力しているのに」「あの人は上司に気に入られているだけだ」というような否定的な感情が心の中でふつふつと湧いてくることを感じていた。

その思いを言葉にしてしまう前に、鬼になってしまった先輩から愚痴や説教を聞かされるたびに、いつも心の中で思っていたことを思い出す。

〝もっと自分自身に寛容であれたなら、他人にも寛容になれただろうに〟

鬼になった先輩は、周りと比較して常に自分が優れていることが見える状態でいないと、自分の存在価値を確かめられなかったのだと思う。他人との比較で自分の価値を測っていたから、自分より優れている人がいると思った瞬間に、相対的に自分の価値が下がってしまうのでは、と不安になってしまう。だから、周囲の人を否定的に見ることで、自分の価値が揺らがないように守っていたのだろう。

会社という組織で働いていれば、それぞれのタイミングがある。上司との相性が悪かった、ポジションが空かなかった、景気が悪かった、など自分の努力ではコントロール不能なことばかりだ。自分の努力ではどうにもできないことが起こったとき、周りと比較して自分の価値を測ろうとしてしまうと、自分を守るために周囲への否定的な感情が増えてしまい、人間関係もギクシャクするという負のループに突入してしまう。これは、自分にとって何もプラスに働かない。

そんなときは、自分と他人を比べるのではなく、現在の自分と未来の自分を比べてみる。5年後、10年後、自分がどうなっていたいか。長期的な視線で客観的に自分を見つめてみると、今、焦りや不安を抱えていることは、あまり大した問題ではなかったりする。

人と足並みが揃わなくても、少しばかり歩みが遅くても、そんな自分を許すことができれば、周囲の人たちへも、ポジティブなまなざしを向けられるようになる。

うまくいっている人たちはどんな努力をしているんだろうか。自分にも活かせるヒントはないか、という前向きな目線をもって接することができるようになれば、自分に運が巡ってきたとき、より成功に近づくはずだ。

周りの人の才能や努力を認められなくなったときは、一度、自分自身を見つめ直す合図なのかもしれない。

完璧でない自分を許せれば、
他人へのまなざしも
ポジティブになるよ。

7.

嫌味には、多幸感で立ち向かう

生きていると、嫌味を言われることは避けられない。嫌味に対して、どう向き合えばいいのかと悩んできたけれど、私なりの対処法をご紹介する。

入社した頃、「何も苦労してきていないでしょう」と言われることがよくあった。若手や女性が少ない業界で、年齢より落ち着いて見られることも影響しているのか、なぜか、「苦労せずに育ってきた」という偏見を持たれることが多かった。

仕事で頑張っても「女性は甘やかされてズルいよね」と言われたり、初対面のお客さんのところに行けば「君、なんでこんなところで働いているの。なにも苦労してきてない君には無理だね」とストレートに嫌味を言われることもあった。

まだ社会人になったばかりの私は、そんなチクチク言葉に胸を痛めて落ち込んだ。何よりも、苦労していないと決めつけられると、これまでの20年ほどの人生を勝手に軽んじられているようで悲しくなった。

そうして、嫌味を言われながら仕事をしていくと、次第に嫌味を言ってくる人の共通点が分かった。

まず嫌味を言ってくる人は、何かに対して強い劣等感を抱いている。その劣等感を癒すために、自分より弱い立場にあり、自分が手に入れられなかったものを持っている人を否定して傷つけることで、自分を肯定しようとしている。この性質をうまく利用すれば、太刀打ちすることができる。

まずは、嫌味を嫌味だと気づかない振りをすること。

そもそも嫌味の目的は、傷つけることだ。相手の思うツボになってはいけない。すべてポジティブに受け取って返してみると、相手の劣等感に返り討ちできるし、攻撃しても面白くないな、と思わせることができる。もし、いま「苦労してきてないよね」と言われたら「〇〇さんは本当に苦労されたんですね～だからこんなに仕事できるんですね！　私も早く〇〇さんのようになれるように頑張ります！」と、ニッコニコの笑顔で威圧したい。

次に、自信のある態度を見せること。

あるとき、職場の先輩に「(私)さんって変わってるよね」と嫌味っぽく言われた。きっと、自分の意見をはっきりと伝えたり、新しいことにチャレンジしたりするいわゆる「イマドキ」っぽい私のことが気に入らなかったのだと思う。最初は嫌だなあと思い少し落ち込んだ感じで「はあ……」と答えていたけれど、何度もしつこく言ってくるので、「そうなんですね、私ってちょっと変わってるんですよね。ってか(相手)さんってめっちゃ普通でうらやましいです！」

と元気よく返したらきょとんとされた。そして、ピタリと嫌味を言われなくなった。きっと、反撃してこなさそうな相手を選んでいたのだろう。攻撃してくる人に限って、なぜか自分は攻撃されないと思っているようだった。私は、はじめに自信のなさげな態度を見せてしまったから、何度も攻撃対象になってしまったのだろう。

反撃するのは難しくても、常に、自信のある態度を見せつけることで予防線を張れる。悪くないのに謝らない、とにかくデカい声で話す、という態度を意識するのも、効果的だ。

例えば、一度も教えてもらっていないのに浴びせられる「なんで同じミスするの？　何回も教えたよね」とか、念のためミスがないように共通認識を確認しただけなのに浴びせられる「普通、わかるよね？」とか。

大きめの声で「教えてくれてありがとうございまあす！」「今度から気をつけまあす！」と無理に謝らずに答えると、それ以上、何か嫌味を言われずに済むことが多い。相手がうろたえているのか、自分のマインドの問題なのかわからないけれど、気にならなくなる。きっと落ち込んだ姿や、低姿勢な姿を見せると、次々と攻撃を繰り返されてしまう。

嫌味に気づかない振りをすること、また自信のある態度を見せつけることは、他人から傷つけられないように自分を守る最強の武器なのだ。つまりは、〝圧倒的な多幸感〟を身にまとうことが大切だと思っている。他人から見て「あいつ幸せそうだな」と思わせること。嫌味に気づかないほど素直な心、嫌味にうろたえることのない自信、とにかく幸せそうな態度を見せつける。嫌味で意地悪したくなるほど強い劣等感を抱いている人は、幸せな人を一番恐れている。

少しずつ、圧倒的な多幸感をまとうことを意識していたら、年次が上がったこともあるけれど嫌味を言われることも、周囲から舐められることも徐々に減っていった。

嫌味を言う側にならないように、自分の人生を充実させられる努力をしていきたい。

幸せそうに日々を
過ごすことが、
チクチク言葉から身を守る
最強の武器になる。

8. 自己肯定感は、自分で下した決断の回数で決まる

自己肯定感は、自分のために、自分で下した決断の回数で決まると思う。

大人になるにつれて、自己肯定感が当たり前に高い人とは埋められない差があるなと、打ちのめされることが増えていった。自己肯定感というものは、家族や友人などに無条件に愛されてきた人や、他人より優れた才能を持つ人だけが育むことのできる特権だとずっと思っていた。けれど、大人になってみると、自分で下してきた決断の回数が増えていくと、自分の力で自分を好きになれることに気がついた。

就職してすぐに、一人暮らしを始めた。実家は通勤圏内だったけれど、兄弟が多く部屋は雑多で狭いし、経済的にも精神的にも余裕がある家ではなかったので、早く一人で暮らしたかった。

学生時代にアルバイトで貯めた20万円だけを握りしめ、築40年の5畳半の部屋（家賃４・５万円）で暮らし始めた。家賃補助のない新卒の初任給から、家賃、光熱費、食費、日用品、そして奨学金が引かれていく。遊ぶお金はなかった。

リフォームで無理矢理敷かれたであろう、ぶよぶよのフローリングマットは歩くたびに気分が萎えた。ＩＨが一口だけのミニキッチンで食材をまき散らすたびに悲しくなった。ユニットバスのトイレは膝が扉に当たるほど狭く、お腹を壊すたびにストレスが爆発して絶叫していた。けれど、不自由なようで自由だった一人暮らしの経験は、今の私をとても支えてくれている。

一人暮らしを始めて半年が経った頃、世の中はコロナ禍となった。この窮屈な部屋で、仕事をして、スーパーに行くだけを繰り返す日々。仕事もわからないまま在宅勤務になり、ご飯を食べて寝る場所で電話越しに上司やお客さんに怒られる。どんどん仕事と生活の境界線は曖昧になっていき、退勤後も頭の中はずっと反省会で、気持ちが安らぐことはなかった。たった独りで有り余った時間を、不安で消費するしかなかった。

スマホを見ていたら、気づくと朝になっている、という日が多くなっていった。この頃から、仕事が手につかなくなっていった。

そんな不安定な日々を過ごしていた、ある休日の夕方。

夕陽が差し込みオレンジ色に染まったこの部屋をじっくりと見まわしてみた。たった5畳半の部屋には、私の選択で溢れていた。ダイソーで揃えた食器。見た目だけで選んだフランフランの使いにくい加湿器。何度も店頭で寝そべり寝心地を確かめた無印のベッド。楽天セールを待って買ったローテーブル。半額のシールが貼られたお寿司のパック。飲み切れなかった缶チューハイ。

この部屋は、私が私のためにした選択で溢れている。そして、そのすべては自分で稼いだお金で買ったものだ。私の人生が自分の選択と決断で成り立っているという事実を確かめられるこの部屋にいると、少しずつ自信が湧いてきた。

その後、私は仕事を休むという選択と、同じ職場に復職する選択をした。私にとっては大きな決断だったけれど、一人暮らしで経験した小さな選択の積み重ねで、自分の選択に自信を持てた。未来は誰にもわからないし、選んだ道の先で失敗をするかもしれない。けれど、自分の選択を信じられたから、何かを失敗と捉えることも、後悔することもなく、ひた向きに前に進むことができた。

今はもう、あの5畳半の部屋からは引っ越したけれど、今でも夕陽に触れるたび、あの部屋が教えてくれた「自分のための小さな選択を繰り返すことの大切さ」を思い出す。

〝今日はどんな洋服を着よう。ランチは何を食べよう。次はどんな髪色にしよう。今週末はどこに行こう。今年のご褒美は何を買おう〟

自分を満たすための選択で、今日も頭がいっぱいになっている。

そうやって、私はちゃんと私を好きになることができている。

自己肯定感というのは、どれだけ自分を信じられるかということ。「自分のために下した決断の回数を増やして自信をつける」ということが大切だと思う。まずは小さな決断を繰り返し、その決断で自分を助ける、という小さな成功体験を積み重ねていけば、少しずつ、自分を信じられるようになる。

自分を好きになるために必要なのは、誰かに愛されることや特別な才能を持つことだけではないよ、と伝えたい。

特別なことなど必要ない。
ちゃんと、自分の力で
自分を好きになれるよ。

自己肯定感って、誰かに愛されることよりも、自分で決断した回数で決まると思う。決断の大きさは何でもいい。夜ご飯は何にしよう、次はどんなネイルにしよう、今度の休みはどこに行こう、今年のご褒美は何買おう、とか。自分のための小さな決断が積み重なれば、ちゃんと自分を好きになれる。

自分を傷つける人からは離れる。付き合う気がないのに好きと言ってくる男、何もかも否定してくる親、嫉妬ばかりしてくる友人。依存や執着から離れる勇気があれば、必ず自分を大切にしてくれる人に引き合わせてくれるよ。大丈夫。世の中は手放したからこそ手に入れられる物ばかりだから。

選ばれなかった心の傷は必ず時間が癒してくれる。
好きな人に振られても、親友に裏切られても、第一志望の会社に入れなくても、不貞腐れずに好奇心を持って生きていれば、あの頃よりもご飯は美味しいし、行ってみたい場所も増えたし、推しにも出会えたし、好きに囲まれている今の自分のことが大好きだ。

他人に寛容であることは、自分を許すことにもつながる。他人の失敗にムカつくことはあるんだけど、それをある程度受け入れることは自分が完璧でいなくていい理由にもなるので生きやすくなる。自分に優しくするためにも、他人に優しくいたいね。

第3章

心地の良い人間関係の作り方

良好な人間関係を築こうと思うとき、誰とでも仲良くしようとしたり、すべての付き合いに乗ろうとしたり、いつでも良い人でいようとする努力をしてしまう。

頑張ってしまった結果、期待した見返りがなく、我慢することが多くなり、ストレスや不満を抱えやすくなってしまう。そうすると、人付き合いを大変だと感じるようになり、他人との関係性を長く続けることが難しくなる。

そうして、いつしか他人と関わることを避けるようになってしまい、周りの人を傷つけたり、最後は孤独になって、寂しい思いをすることもあった。

そんな失敗を繰り返しながら、本当に良好な人間関係というのは、まずは自分がのびのびできることが大切なのかもしれないと考えるようになった。

そのためには、自分の苦手なことを無理に続ける努力をするよりも、苦手なことを受け入れて、相手のためにできることを探していく努力が大切だ。

努力の仕方を変えてから、心地の良い人間関係を築けるようになって、大切にしたいと思える人たちも増えていった。

家族、同僚、友達、恋人。自分にとっても、相手にとっても、無理をせずに、尊重し合いながら、「心地が良い」と思える関係を築くためのヒントをつづりました。

1.

みんなと仲良くなることだけが
コミュ力じゃない

就職活動では「コミュニケーション能力が大事です」と、一番多く言われてきた。まだ社会人として働いたことのない学生の私にとって、コミュニケーション能力の正体は、誰とでも仲良くなれる力のことだと思っていた。

人見知りをせずに、他人との距離をあっという間に縮められる人。例えば、サークルやゼミ活動で中心的な存在であったり、誰でもすぐ食事に誘えたり、学内外問わず謎に人脈が広い人のことをコミュ力の高い人だと思っていた。

実際に働いてみると、最初に配属されたのが営業の部署だったこともあり、とにかくお客さんと仲良くなれ、社内の人とも仲良くなれ、とたくさん言われた。けれど、誰とでも仲良くなることができず、頭を抱える日々だった。

事務員さんたちとわいわい雑談ができる同期たち、上司に飲みに誘われると笑顔でついていく後輩たち、お客さんと電話で仕事以外の話をしている先輩たちが、周りと仲良く楽しそうに働いているように見えた。

そして、自分はそのどれもが得意ではないことに気づき、仲良くなる、ということが段々とプレッシャーになっていった。

私なりに、たくさん悩んで、たくさん試してみたけれど、そのたびにうまくいかず、余計に落ち込む日々だった。そうして、やっぱりできないことは諦めることにした。そこからは、できないことに労力をかけるよりも、できることを探すことに労力をかけよう、と考え方を変えてみた。

お客さんとはうまく会話が続かなくても、短い時間でも顔を合わせる回数を増やしていくことで親近感を持ってもらおう。商談でこちらから雑談を振ることはできないけれど、せめて決定事項や確認事項は漏れがないように対応しよう。ちょっとしたことで電話をかけることはためらってしまうけど、かかってきた電話にはすぐに出よう。

「コミュ力＝誰とでも仲良くなる」ということ以外で、仕事上でスムーズな意思疎通ができることを意識して、それを一生懸命にこなす、ということを続けていった。

しばらくすると、淡々としたやりとりがメインだったけれど、レスポンスが早いということを評価してくれて、取引先から大切な場面で仕事を振ってもらうことができた。自分ができることを考えて行動して、成功体験を積み重ねていくうちに、誰とでも仲良くなることだけがコミュニケーション能力ではないと知ることができて、プレッシャーを手放すことができた。

一方、数年間一緒に仕事をしていくうちに、最初の言葉通り仲良くなった関係者もいた。けれど、距離が近くなればなるほど仕事上での甘えが生じ、納期直前のタスクを急に振られたり、愚痴を長々と聞かされたりと、心地良い関係性はさほど長くは続かなかった。距離が近くなることによって、大切にされなくなる、ということもあるのだ。

そして、営業から別の部署に異動になってからは、私がお客さん側の立場になる経験もした。発注する取引先を決めるときに、仲が良いから、という理由で仕事を依頼することはなかった。担当者の人が気さくで話しやすい人であっても、要求を理解してくれなかったり、レスポンスが遅かったり、不誠実な対応をした際は、仕事を頼むことができない。

学校という場所では誰とでも仲良くなれるような人が居場所を得やすい環境だった。けれど、仕事は利害関係がはっきりしているからこそ、誰とでも仲良くなれない人見知りにも、相手が求める「利」をきちんと理解して対応することができればいくらでもチャンスがある。距離を縮めることだけが正解なのではなく、相手のために自分は何ができるのかを考えて、意思疎通を繰り返すことが大切だったのだ。

誰とでも仲良くなることを目的にしないで、仕事をスムーズに進めることや長く関係性を築けるように、お互いを尊重し合える距離感を探ることも、立派なコミュニケーション能力の一つだと思う。

そして、仕事に限らず、家族、友人、恋人など、身近な人との人間関係でも大切なことは心の距離の近さではない。自分も相手も傷つかない距離をコントロールすることのほうがずっと大切だ。

コミュニケーション能力の定義を幅広く捉えることができるようになってからは、相手が求めることを想像して、その中で自分ができることを見つけていく努力を大切にしていきたいと思っている。

距離を縮めることだけが
正解じゃない。
お互いを尊重できる
ちょうどいい距離を
見つけていこう。

2.

自分の機嫌は自分で取るのが大人だよ

周りの機嫌を常にうかがってしまう。ちょっとでも同僚の機嫌が悪いと、自分のせいかな？　と思ってしまい、なんとか機嫌を取り戻してほしくて仕事を手伝おうと積極的に声をかけたりしてしまう。ちょっと前までは、みんながそうだと思っていた。

思い返してみると、子どもの頃から周囲の大人の機嫌に大きく左右されて暮らしていた。

そんな癖が抜けないまま大人になってしまって、社会生活でも周囲の人の機嫌に敏感になり、身近な人の問題は自分が解決しなければと思い込みすぎてしまう節があった。

けれど、結婚生活が始まってから、その癖が少しずつ解けていった。

夫と一緒に暮らし始めて間もない頃だった。

タイミングが悪いことに、私は仕事で人間関係のいざこざが続いていた。ストレスが溜まって気持ちが不安定になってしまい、夫が帰宅すると同時に愚痴をたくさんこぼしてしまっていた。もちろん話は聞いてくれるのだけれど、何か共感やアドバイスをくれるわけでもなかったので、「なんでちゃんと聞いてくれないの」と喧嘩になってしまうことがあった。

そうなると、必ず夫は余計なことを口に出す前に別の部屋にそっと消えていき、しばらく経った後、一緒にアイス食べようよ、と優しく声をかけてくれた。甘いアイスを食べるうちに、自分の気持ちも落ち着いていった。

私とは対照的に、夫はいつも機嫌がいい。どんなに帰りが遅くなっても、疲れていても、ニコニコしながら帰ってくる。本当に疲れているときはそそくさと眠りにつくし、休みの日も趣味に時間を費やしている。たまには愚痴もこぼすが、私に何かを求めてくることはなかった。

無理に人の機嫌を取ろうとすることもなく、自分の機嫌を人に取ってもらおうとしない夫。そんな夫と暮らしてみて、初めて私自身に「他人に機嫌を取ってもらうのは当たり前だ」という考えが染みついていることに気がついた。そして、自分の機嫌は自分で取ることができる、ということも甘いアイスに教えてもらった。

少しずつ「自分の機嫌は自分で取るものだ」という考え方が身についていき、自分の機嫌で周りを左右してしまうことも、周りの機嫌に左右されることも減っていった。まずは自分自身の考え方を変えることで、周囲の人たちへの見方も変わり、勝手に不安を抱くことも、過干渉になることもやめるようになっていった。

もしも、職場で機嫌の悪い人がいたら、機嫌を直してもらおうと必要以上に関わるのではなく、物理的な距離を確保するように意識してみるといい。

そっと席を外して、自販機に飲み物を買いに行こう。

緊急でなければ、相談事は時間をおいて別の仕事を進めてみよう。

そして、大切な人と過ごすときにも、自分の機嫌は自分で取るということを忘れないでいたい。

仕事でイライラしたときのために、帰りに一息つけるお気に入りのカフェを見つけておく。嫌なことがあったときに買おうと、ちょっと高級なケーキを見つけておく。一人で快適に過ごせる漫画喫茶やスパを見つけておく。こうやって、自分のご機嫌の取り方を知っておくことも、大切な人と自分を守ることにつながっていくのだ。

今日も家の冷蔵庫には、夫と食べるアイスがたっぷりと詰まっている。

他人の機嫌を取らなくてもいいし、そして、自分も誰かに機嫌を取ってもらおうとしないことが、自立した大人への一歩だ。

他人の機嫌は
とらなくてもいいし、
自分の機嫌は
自分でとるんだよ。

3. 本音で語り合わなくてもいい

社会人になったばかりの頃。先輩に飲みに連れて行かれて、延々と愚痴や悪口を聞かされたことがあった。うちの会社のここがダメだ、あの上司はここがダメだ、あの部署のあの人はここがダメだ、と。まだ会社のことも良くわからなかったので、何も言わずに、ただ頷くだけでやり過ごしていた。すると先輩は呆れながら、こう言った。

「あなたって悪口言わないね、つまらない。もっとさ、本音で話したほうがいいよ。そのほうが信頼関係を築けるからさ」

そう説教されたけれど、私はどうも腑に落ちないまま、小さく「はい」と返事をすることしかできなかった。

社会人として数年が経ち、当時のことを振り返って、どう対応するのが正解だったかを考えてみた。

このように、仕事の同僚や、友人などと話をしていると、「本音で語り合うこと」を正義として押し付けられて、特に「悪口」や「愚痴」に同調しないと裏切者扱いされてしまうようなことはよくあると思う。

この文脈での本音というのは、ほとんどの場合、誰かに対するネガティブな意見に同調して、味方になってほしい、という意味合いだったりする。

もし本心を語ったらどうなっていただろうか。

「私はあの人のこと好きですけどね～！」なんて言ったら、愚痴を言っている相手の考えを否定したと思われ、敵とみなされ、不機嫌になられるだろう。かといって、ネガティブなことを言って同調してしまうと、「あいつもそう言っていた」という事実がひとり歩きしてしまい、自分も悪者になってしまうこともある。

そんなときの対応方法としては、一緒に悪口を言うのではなく「何がつらかったのか」、その人の気持ちに共感してあげることで乗り切るのがおすすめだ。

「あの人、本当にうざいですね！」と人格を否定するのではなく、「そんなこと言われたらたしかにつらいですね」と善悪のジャッジに加担するのでもなく、話し手の気持ちに共感してあげる。そうすることで、一緒に悪口を言うことも話し手の気分を害することもなく、誰も傷つけずにその場を乗り越えることができる。

これは、業務を進めるうえでトラブルになったときも応用できる。

新人の頃、トラブルが発生したとき「あの人が悪い！」とつい感情的になってしまい、上司に愚痴を吐いてしまうことがあった。そんな私に対して、上司は誰かを否定するのではなく、「それは大変だったね」と気持ちに共感したうえで、仕事の手順や制度などのどこに問題があったのか、一緒にトラブルの原因と対応を考えてくれた。そして丸く収まった。その経験から、何事も「あの人が悪い」と誰かを否定するのではなく「あの進め方が良くないよね」と考えるようになった。

やっぱり先輩に説教をされた当時を振り返ってみても、信頼関係を構築するために「本音を語り合う」ことだけが正義ではないと、私は今でも思っている。

もちろん、嫌なことをやめてほしいと伝えたり、困っているから助けてほしいと伝えたり、仕事で良くなるアイディアがあればしっかり言葉にして伝えることは大切だ。

けれど、誰かを傷つけてしまったり、自分が傷ついたりする可能性があることは、無理に言葉にする必要はないのだ。

そして、自分が受け取る側になったときも、「人は本音を語りたがらない」ということを知っておくのが大切だと思う。

これまで何人もの上司や同僚と仕事をしてきたけれど、本音を話せと強いてくる人よりも、本音は言いづらいだろうと、あれこれ想像して先回りして対応してくれる人に救われてきたし、結果的に本音を打ち明けやすくもなった。

本音を言え、と強要してくる人に限って、本音を知りたいのではなく、同調してほしいだけだったりする。

何でも言い合える関係性より、本心を探るために言葉にされなかった相手の気持ちを想像できる優しい人でありたいと思う。

自分を守るためにも、誰かを傷つけないためにも、本音を包む言葉を選んでいこう。

他人や自分を守るためにも、
本音はうまく
包み隠していこう。

4. 飲み会を断るために必要なこと

会社員になってから一番頭を悩ませているのが「飲みに誘われたときの断り方」だった。人見知りなこともあり、お酒の場が苦手で、とにかく仕事関係の人と飲みに行くのがずっと苦痛だった。

グラスが空いたら「何飲みますか？」とすかさず聞く先輩方を見て、一番下っ端の自分がやらなければ、と緊張がビビビッと走り、結局、空いたグラスを眺めたまま声を発するタイミングをつかめず、また言えなかった……を繰り返す。

とにかく、飲み会の間はずっと審査されているような気がしてしまう。緊張は解けず、頭の中でいろんな思考がぐるぐるとめぐり、「できなかった」を積み重ねて、自分を責めることを繰り返す。だから、ものすごく疲れる。

新人の頃は、どうしても飲みに行くことがストレスで、誘いから逃げ回っている時期があった。これは本当に反省なのだけれど、当時の上司が今日飲みに行くか〜と言い放つと、上司がタバコで席を立った瞬間を見計らって逃げるように帰宅した。また、偉い人たちと外回りしたときには、そのまま飲みに行くことに耐え切れず、あの仕事がまだ……と挙動不審に帰宅したこともある。

けれど、飲み会嫌いが少しずつ緩和されるきっかけがあった。

部署を異動したタイミングで、信頼できる同僚たちがよく飲みに連れて行ってくれるようになった。最初は苦手意識があったけれど、次第に飲み会が楽しく感じるようになっていった。話す内容もポジティブで楽しい話題が多く、年齢関係なくお互いに気を遣い合ってくれるので、審査される雰囲気がなくなった。人が変われば話す内容も変わるし、ビビビッと緊張が走ることもなくなっていった。飲み会そのものが悪いことではなく、コミュニケーションの方法によっては楽しいものである、と知ることができた。

そうして関係性を築けるようになってからは、むしろ飲みに誘われても断ることがスムーズになっていることにも気がついた。

正直、少し面倒くさいなと思った日には、「上京してる友人が泊まりに来るんですよ」「推しのライブが近くてダイエットしてるんですよ」「実家のペットを預かっていて早く帰らなきゃなんですよ」などと、丁寧な理由をつけて断れるようになった。普段からコミュニケーションを取っているからこそ、自分の背景を理解してもらえているから、断る理由に現実味が増す。何より、断る理由が「あなたと飲みたくないから」に変換されず、スムーズになった。

そうして関係性が深まるうちに、当日誘われた場合などは「今日は疲れているので帰りますね。また誘ってください」とシンプルに伝えることもできるようになった。

振り返ると、飲み会嫌いの新人の頃はあまり同僚と馴染むことができていなかった。それは、飲み会に参加しないことや、ふるまいが完璧ではなかったことが原因ではなかったと思う。無理矢理参加した飲み会では、勝手に完璧を求めてネガティブになり楽しめなかったことや、断り方が不誠実だったことから、飲み会なんてつまらない！　という心の中の拒絶が、言葉にしなくても態度で相手に伝わってしまい角が立ってしまっていたのだろう。

もちろん、無理矢理にお酒を飲まされたり、自尊心をえぐられるような言葉を投げつけられたりするような人たちとの飲み会については例外だ。むしろ、二度と誘われるような隙を与えず、きっぱりと断るか、逃げ回るほうがいいと思う。

飲み会に限らず、自分が苦手意識を持つ物事に対して、先入観を持って嫌悪感を抱かずに、それらを好んでいる人たちの考えを否定しないことがとても大切だと思う。このようにお互いを尊重したコミュニケーションを日頃から大切にすることで、信頼関係を築けるのだ。

そして、人付き合いでは0点か１００点の2択で考えないこと。

自分のふるまいに対する合格点も、職場の人との交流頻度も、40点を長く続けていく。１００点を目指した結果、心が折れてしまい、長く続かないよりも、40点を何回も繰り返せば最終的な総合点は高くなっていく。きっと、点数をコツコツ積み重ねていくことで、職場での心地よい人間関係を築けるのだと思う。

今の私は、飲み会に対してこんなルールで考えている。飲み会そのものを否定せずに、誘われたらまずは一回行ってみる。嫌な思いをしたらもう行かなくてもいい。疲れていたり調子が悪いときは、ネガティブな気持ちが増えそうなので無理して行かない。断るときは丁寧な理由で断り、拒絶感を与えない。

飲み会は、自分が楽しめる範囲で、程よく付き合っていこうと思っている。

人付き合いは、
自分が楽しめる範囲で、
コツコツ
積み重ねていこう。

5. 仕事は評価のためだけに頑張らない

どうしても、好きになることができなかった上司がいた。

社会人になって、初めて仕事で成果を出すことができたときの話だ。部署が異動になり、新しい業務を任された。私にとっては初めて任されたチャンスだった。新しい業務だったので、仕事を教えてくれる前任者もいなければ、相談できるチームメンバーもいない状況だった。絶対に評価されたいという想いが強かった私は、できることはすべて必死に取り組んだ。そして、1年後、ようやく数字として成果を上げることができた。

当時の上司には面談で「成果も出したし、昨年より評価を上げるから」と言われた。評価されたいという想いで努力し、それがきちんと実った。努力はちゃんと報われるんだなと、うれしかった。

そして評価が出る時期になり、どのくらい給料が上がったかな、とウキウキしながら給与明細を確認した。すると、まったく上がっていなかった。あれ、おかしいな、と何度も確認する。やっぱり上がっていない。

その直後、上司との評価面談では、良い話だけを説明される。肝心の評価結果を教えてくれない。ついに「結局、評価はなんだったんですか」と聞くと「昨年と同じ」とだけ告げられた。目を合わせてくれない。「上げるって言ってましたけど、何が原因でダメだったんですか」と聞いても、ごにょごにょするだけだった。

もちろん、会社なので様々な都合があるのはわかる。上司は本当に評価を上げようとしてくれたのかもしれない。けれど、確信の持てないことを口にして、期待させられた。ちゃんと、説明をしてくれない不誠実な態度にも、腹が立った。この件をきっかけに一瞬で信頼関係は崩れて、異動するまでずっと上司を呪い続けた。

この経験で一番つらかったことは、評価が上がらなかったことではない。努力した分だけ、人のことを嫌いになってしまったことだ。

そもそも仕事を頑張らなかったら、「裏切られる」という絶望を味わうことはなかったと思う。努力すればするほど、期待は上がっていき、思うように見返りをもらえなかったときの落差が大きくなってしまう。

上司が変わるまでの約1年間、私はずっと「じゃあ頑張らなきゃいいんだ」と本気で考えるようになってしまった。仕事は求められること以外はやらない、上司とのコミュニケーションも避ける、自分発信で何か動くことはしない。この負のループをぐるぐるするだけだった。

そんなとき、上司にある仕事のお願いをされると、無意識にこんな発言をしてしまった。

「そんなの、やる意味ないですよね」

自分で言っておきながら、とてもびっくりした。この言葉は聞き覚えがある。入社した当時、同じチームにいた定年間際のおじさん。まったく仕事をしないくせに、周りの若い同僚たちの足を引っ張ることしかしなかった、あのおじさんと同じことを今、私は言っている。彼の気持ちが少しだけわかってしまったと同時に、このままでは、なりたくない自分になってしまう、と不安になった。

これを機に、他人から評価されることだけではなく、自分がどうありたいかを軸に努力するようになった。上司に認められたい、同僚にすごいと思われたい、などの承認欲求を満たすことだけを目的にしてしまうと、認められなかったときに自分を全否定されたような気分になり、本当に人を嫌いになってしまうんだなと、学んだ。

もちろん、仕事なので求められることや決められたことはきちんとこなせるように頑張る。そのうえで、プラスアルファの努力をしようとしたときに「人から評価されるため」が一番の目的にならないようにする。もちろん、自分の目的を達成するために、上司に認められることが必要になってくることもある。上司に評価されたいという気持ちだけではなく、自分の目的を達成する手段としてうまく上司を使っていこう、という考え方をする。そのほうが、上司に絶望しなくて済むので、程よい関係性が築けるのではないかと思う。

仕事を頑張ろうと思ったとき、評価のためだけに努力をしないこと。それが、人を嫌いにならずに、自分も傷つくことがなく、職場の人間関係を円満にする秘訣だと思う。

誰かに認められる
ために、よりも
自分のために
頑張るんだよ。

6.

人の幸せを喜べないときは無理に会わなくてもいい

年齢を重ねるごとに、友人に会うのが少しずつ億劫になってしまう自分がいた。それは、友人の幸せな報告を素直に喜べない自分が嫌だからだ。こんな仕事を任された、給料が上がった、職場の上司や先輩と仲が良い、とか。プライベートでも、恋人ができた、結婚した、家族と仲が良い、とか。

友人の人生が順調なのは、とてもうれしいことだ。心から祝福する気持ちもちゃんとある。けれど、自分と他人を比較して、自分の人生を悲観したり、将来への不安を募らせたりする材料になってしまうこともある。

学生時代は同じ日々を過ごして、いろんな気持ちを共有することが当たり前だった。けれど、社会人になると、みな違う人生を歩んでいて、与えられているものも、手に入れたものも、手放したものも、すべてが違う。だから、気持ちを共有することは、ときに誰かを傷つける武器にもなってしまう。

自分の人生がうまくいっていなかった私は、仕事やプライベートが順調な友人たちの言葉に、心がチクチクしてしまい、会っても会話が続かず、温度感の合う話題もなく、なんだか不穏になって、帰ってから深く落ち込む、ということを繰り返していた。

当時は自分の心が狭く性格が悪いなと落ち込んでいたけれど、アラサーになった今、不安定な20代前半であった当時を振り返ると、あれは健全な感情だったと思う。

就活が思うようにいかず、職場での人間関係もトラブルが多く、実家が嫌で無理矢理始めた一人暮らしではお金もなく、そんな状況で休職に追い込まれていたわけで、復職後もしばらくは余裕がなかった。自分が幸せじゃない状況で、他人の幸せを素直に喜べ、というのはかなり難しい。

むしろ純粋に、まっすぐに、喜ぶだけで終われる人間だったら、他人が不幸でも自分の幸せをちゃんと祝福しろと、押し付ける人になっていたかもしれない。

きっと、友人の幸せを喜べないことに問題があったのではない。

自分に余裕がない状況で、無理に人と会っていたことに問題があったのだ。

自分の気持ちに余裕がなく不安定なときは、人と会うことを避けることも大事だ。これは、風邪をひいたときに人と会う約束を避けるのと同じだと思う。

風邪をひくことも、気持ちが不安定になることも、自分の意思にかかわらず環境に左右されるものであるし、良くなったり悪くなったりするもの。

誰にでも人生の波はある。大切な人の幸せを素直に喜べる自信がないときは、無理に会う必要はないのだ。なんだか性格が悪い自分に落ち込むかもしれないけれど、そんなことはないから大丈夫。

誰かに誘われたとき、胸が少しでもざわざわとしたら、今は会うのをやめておく、という選択をしてもいい。

24時間３６５日、いつでも他人の幸せを喜べるような、ご機嫌な人でいることよりも、ご機嫌なときにだけ大切な人に会うようにすれば、その相手の目にはいつでもご機嫌な人に映ることができる。

そして、友人に連絡しても反応が渋いときは無理に突き放す必要もないし、また連絡が来るまで待てばいい。

友人を誘ったときに「最近、仕事が忙しくて」「ちょっと体調を崩しているからまた今度」と言われたら、嫌いになったのかな？　面倒くさくなったのかな？　と、変に勘ぐることなく、ストレートに言葉を受け取り、そっとしておこう。

本当に必要な人間関係は、一度誘いを断っても、少し時間をおいても、こちらから声をかける勇気さえあれば、また繋がるはずだ。

ご機嫌なときにだけ、会う約束をする。そんなルールを決めてからは、大切にしたいと思える人たちが増えた。

誰かの幸せを喜べるように、まずは自分の幸せを優先してあげるんだ。

いつでも
ご機嫌でいる
必要はないよ。
気持ちが不安定な時は、
無理して人に
会わないようにしよう。

7.

「察してほしい」をやめる

夫と暮らし始めた頃、小さなすれ違いが絶えなかった。その原因のほとんどは「言わなくてもわかるでしょ」という思い込みだった。

ある夜、夫が仕事から帰宅すると、様子が変だった。いつもニコニコで帰ってくるのに、ずっと悲しそうな顔をしていて、話しかけてもあまり反応がなかった。日頃から仕事で帰りが遅い夫だったので、ついに限界を迎える出来事があったのではないかと、不安がよぎる。このときがとうとう来たかと「仕事、辞めてもいいよ」と言う心の準備をした。

しかし、お風呂上がりにようやく重い口を開けた夫はこう言った。

「昨日一緒に楽しみにしていたＴＶ番組を観られなかったことが悲しかった」

昨夜はクリスマスだった。家で何か美味しいご飯を食べながら、楽しみにしていたＴＶ番組を一緒に観ようね、と話していた。しかし、私が仕事に追われていたこと、抜歯直後で食べ物を噛めないくらいに痛かったこと、さらに腹痛にも襲われている状況であったため、半額のお弁当を二人分買って帰ることにした。

帰宅すると、夫が一年で一番楽しみしているＴＶ番組が始まっていた。真剣に見ている夫を差し置いて、私はそそくさとお弁当を食べて、寝室で眠ってしまった。

なんとなくわかってくれるだろうと思い込み、自分の体調や仕事の状況を説明することなく、勝手に予定変更して眠ってしまったけれど、私の体調不良の様子は、夫から見たらどうやら不機嫌な態度に見えたようで、夫を悲しませてしまった。そして、私も夫がそんなに楽しみにしていたことに気づくことができなかった。

私は、きちんと「ごめんね」と謝った後、「ついに仕事が嫌になったのかと思った。上司にすごい怒られたとか」と言った。すると、夫は「上司に怒られたくらいじゃ悲しまないよ」と笑いながら言った。

仕事がどんなに大変でもあまり落ち込まない夫を、私のせいで悲しませてしまったのだ。本当に心から反省した。そして、きちんと悲しい理由を教えてくれたことにも感謝している。自分の気持ちを素直に伝えることは、否定されたり、軽んじられたときにとても傷つくからこそ、難しくもあり、面倒くさいことだ。面倒くさがらずに向き合ってくれた夫のたった一言で、私たちはすれ違わずに済んだのだ。

夫とは学生時代から、もう何年もの付き合いになる。言わなくても何でもわかり合える関係だと思っていたけれど、一緒に暮らしてから「言わなければ伝わらない」「言ってくれなきゃわからない」ことばかりだと気がついた。

どんなにお互いを知っているつもりで、信頼し合っていると思っていても、「言わなくてもわかるでしょ」という態度こそ、不幸を生んでしまうということを、何度も思い知らされている。

そして、家事の分担、スケジュール、体調面については、目に見えないからこそ、ちゃんと報告・連絡・相談をするようになった。

日常の小さなすれ違いだけではなく、今後の夫婦のあり方や、人生設計に関わる選択を迫られたときに、自分の気持ちを伝えること、相手の気持ちを知ることの作業をサボってしまえば、簡単に関係は崩れてしまうだろう。夫の優しさに甘んじることなく、すれ違うことの危うさを忘れずにいたい。

結婚する前の20歳前後の頃は、「察してほしい」という気持ちがより強かった。夫はマイペースなので、あまり会う頻度や記念日についてこだわりがなかった。さみしいと感じていても、「本当に好きなら、言わなくてもわかるよね」と、素直に気持ちを言えなかった。この「察してほしい」という気持ちや行動は、自分が大切にされているかを試すためだった。けれど、不安は解消されるどころか、自ら信頼関係を揺るがせてしまう行為だったと反省している。

どんなに愛する家族でも、好きでたまらない恋人でも、信頼してやまない友人であっても、結局、自分以外は他人なのだ。だから、大事なことは言葉にしないと伝わらない。

大切な相手だからこそ「察してほしい」と相手を試すのではなく、恥ずかしさや面倒くささを乗り越えて、きちんと会話を重ねて、丁寧にわかり合っていきたいと思う。

大切な人にこそ、
言わなきゃ伝わらないこと
ばかりだって、
忘れずにいたい。

8.

結局「なんとなく」こそ永遠だ

大学生の頃、中途半端に意識だけ高い学生だった。同じ将来の夢を持つ学生が集まるコミュニティに所属して、いわゆる「お互いを高め合える仲間」とばかり一緒にいた。

けれど、夢は叶わず別の業界で就職をしたきり、全く連絡を取ることがなくなってしまった。惨めな気持ちを味わいたくなかったし、たぶん、こんな私のことに興味なんてないだろうなと、引け目を感じていた。社会人になってから会うこともなかった。そして、会社の同期とも共有できる目的がないから、必要以上に関わろうとすることもしなかった。

けれど、そんな私に定期的に連絡をくれて、会う時間を作ってくれる友人がいた。家に遊びに来るけれど、仕事の話も、将来の話もしない。ただネットフリックスでM‐1グランプリを初回から観直したり、飽きるまでマリオパーティーで遊んだり、ウーバーイーツでご飯を頼んで「おいしいね」と、ひたすら食べるだけだった。

意識だけは高かった私にとって、理解ができなかった。こんな私となぜ、一緒にいてくれるのか。どうしてなのかと、友人に尋ねてみるとこう言った。

「んー、なんとなく。えっ楽しくない？」

いや、すっごく楽しい。うん、楽しい。

友人の一言で、勝手に背負いすぎていた肩の荷が下りた。「あなたといると私も頑張ろうと思える」という言葉よりも、「なんとなく」の一言のほうがずっと深く私を肯定してくれているように感じた。誰かといるためには意味が必要だと思っていたけれど、自分がただ楽しいと思えるだけで、誰かと過ごしていいのだと知ることができた。

決して成長することのない、ただ楽しいだけの時間を共有することを、当たり前に相手も楽しいと思ってくれる友人の勝手さに、救われた。

気がつけば、なんとなく一緒にいてくれる友人との付き合いが一番長くなっていた。

きっと一緒にいる理由がないからこそ、離れる理由もない。これまで切り捨ててしまっていた「意味のなさ」を、今はとても尊いものに感じている。

意識だけは高かった学生時代、「頑張っているあなたが好き」とよく言われた。憧れていますと言ってくれる後輩たちや、可愛がってくれる先輩たちもいた。

けれど、頑張っているあなたが好きと言ってくれた人たちが、頑張ることができなくなった私を好きでいてくれることはなかった。

誰かに憧れたり、誰かに憧れられたり、そういう関係性はきらきら見える。けれど、その輝きを保つために、自分をよく見せようと、いつも何かを努力することに執着していたし、その努力を相手にも押し付けてしまっていた。**意味を持つ関係は、意味を失った瞬間に壊れてしまう、ぐらぐらと不安定で脆い関係だったと思う。**

30歳手前になると、交友関係を続けるというのはさらに難しいと感じることも増えた。お互いのプライベートや仕事で置かれている状況がバラバラになって、共有できる話題が減ってくるし、悩みや不安も打ち明けづらくなる。かといって、同じような境遇の友人とだけ付き合おうとすると、友達は減っていく一方だ。

だからこそ、なおさら「なんとなく」で付き合うことをとても大切にしている。もちろん仕事の愚痴を聞いてもらったり、アドバイスをもらうことも、とても素敵な関係だ。けれど、そういったお互いを高め合うという目的を持たずに、「ご飯おいしいよね」「この映画おもしろかったね」「ゲーム楽しいわ」というように、ただ時間を共有することを大切にしていたら、一緒にいてリラックスできる友達が増えていった。そして、こちらから友人に連絡することも、遊びに誘うことも、気兼ねなくできるようになった。

なんとなく好き、なんとなく楽しい。そんな感覚を大切にしていきたい。

私は今日も、何かを与えることのない、ありふれた時間を誰かと共有して過ごしたい。

人間関係は「なんとなく」こそ、正義であり、永遠なのかもしれない。

「なんとなく楽しい」を
共有できる時間を
大切にしよう。

『この人、なんか合わないな』っていう違和感は、かなりの確率で後から伏線をキレイに回収してくる。トラブルになる前に適度な距離を取っておくのが一番いい。相手も自分も傷つかないためにも、誰とでも仲良くなんてしなくていい。それもひとつのコミュ力。

いつでもご機嫌な女でいたいと思いつつも、天気が悪いだけで気分は落ち込むし、仕事がうまく進まないと荒ぶってしまうし、生理前はほぼゴリラになってるので、なかなかむずい。だから、ご機嫌な時だけ人に会ったり連絡するようにしてる。その方が、ずっと楽だし、人間関係もいい感じになる。

「察して欲しい」を無くすだけで人間関係はだいぶ楽になる。気持ちは言葉にしないと伝わらないし、言葉を選ばないと他人は動かせない。プライベートでも仕事でも、言わなくても普通わかるでしょって思い込みを排除していきたい。言葉にすることを怠けないで生きるぞ。

結局「なんとなく」が1番長く続く。仕事も趣味も恋人も、言語化できないけどなぜか好きって感情が最強だ。明確な理由がわからないからこそ、好きな理由を失わないし、嫌いになるきっかけも生まれない。だから、何か選択で迷った時は「なんとなく」で良いんじゃない？　って自分に言い聞かせてる。

おわりに

ずっと、世界の中心は「あなた」だよ

ひとりで生きられるのが強い大人だと思っていた。

これまでの人生で、人間関係で悩むことはたくさんあった。学校ではうまく馴染めなくて不登校になってしまったし、信じていた友人には裏切られるし、会社ではパワハラを受けてしまうこともあった。

そのたびに、自分は誰にも大切にされていないんだなと、深く傷ついて生きてきた。いつしか、人と関わり合うことを避けながら、誰かに頼るよりも自分で何もかもできる強い大人になろう、と本気で考えるようになってしまった。

そして、人間関係のストレスが積み重なり、とうとう休職することになってしまった。休職したときも、傷つくことを避けて、家族や友人にも、ほとんど相談することができなかった。

休職期間中、一人暮らしの部屋で誰にも会わずに過ごすことは苦しかったけれど、とても楽だった。好きなものを食べて、好きなときに家事をして、好きなだけ寝る。自分を否定されることもなければ、嫌なことも言われないし、傷つくことはない。

そんな生活が数か月続き体調も回復に向かってきた頃、ふと誰かとご飯を一緒に食べたくなった。けれど、「今日、一緒にご飯食べない？」と言える相手がいないことに気がついた。

その瞬間、これまで自分の強さだと思っていたものが、急に孤独と寂しさに変わってしまった。

傷つきたくないがゆえに、人との関わりを避けた結果、手元に残ったのは孤独や寂しさだけだった。

そうして、人間関係に対する自分の考え方を見つめ直すようになった。

自分を犠牲にしてまで、他人に尽くさなくてもよかったな。
自分の価値は、他人との比較で決まるものじゃなかったな。
誰かに嫌われたくらいで、自分のことを嫌いになる必要はなかったな。

誰にも大切にされなかったんじゃない。
私が自分を大切にできなかったんだ。

こうして、世界を自分中心で捉えることができるようになってから、自分以外の誰かと関わることを前向きに考えられるようになった。

考《かんが》える OL

平凡なOL兼エッセイスト。Xアカウント（@thinkingoodol）にて、働く女性や若手社員に向けて心がやわらかくなる言葉を発信。普通の会社員だからこそ励ませることがあると思い、等身大のメッセージを伝え続けている。初著書『がんばらないことをがんばるって決めた。』（KADOKAWA）がメンタル本大賞優秀賞を受賞。

ずっと、世界《せかい》の中心《ちゅうしん》は自分《じぶん》だよ
しんどい人間関係《にんげんかんけい》をやわらかくする24のヒント

2024年3月15日　第1刷発行

著者 ―――――― 考《かんが》えるOL
発行者 ―――――― 佐藤 靖
発行所 ―――――― 大和《だいわ》書房
〒112-0014 東京都文京区関口1-33-4
電話 03-3203-4511
ブックデザイン ―――― 山田知子+chichols
イラスト ―――――― イグアナ大佐
校正 ―――――― 伊藤康司
本文印刷 ―――――― 厚徳社
カバー印刷 ―――――― 歩プロセス
製本 ―――――― 小泉製本

©2024 KangaeruOL Printed in Japan
ISBN978-4-479-76163-1
乱丁・落丁本はお取り替えします　https://www.daiwashobo.co.jp/

JASRAC 出2400542-401

今では、家族や友人、同僚など周りにいる人たちと積極的に関わり、頼るようにもなった。もちろん、傷つくことや面倒くさいことも多い。けれど、あの孤独を味わうことのほうがずっと苦しいとわかっているから、傷つくことも面倒くさいことも乗り越えようと思える。

やっぱり、私は誰かと生きることを諦めたくない。
だからこそ、自分を世界の中心に置きながら、周りにいる大切な人たちと上手に手を取り合って生きていきたい。

差し伸べられた手を、握り返せるように。
そして、誰かにこの手を差し伸べられるように。

人間関係で悩んだときには、何度でも思い出してほしい。

ずっと、世界の中心は「あなた」だよ。